AGENCIA ele 1
Nueva edición

Libro de ejercicios

José Amenós
Antonio Vañó
Chus Vence
Manuela Gil-Toresano

Primera edición, 2017
Sexta edición, 2023

Produce **SGEL - Libros**
Avda. Valdelaparra, 29
28108 Alcobendas (Madrid)

© Manuela Gil-Toresano (coordinadora pedagógica)
   José Amenós, Antonio Vañó, Chus Vence
© SGEL Libros, S.L.
   Avda. Valdelaparra, 29, 28108 Alcobendas (Madrid)

Director editorial: Javier Lahuerta
Coordinación editorial: Jaime Corpas
Edición: Yolanda Prieto
Corrección: Ana Sánchez
Diseño de cubierta: Thomas Hoermann
Diseño de interior: Julio Sánchez
Fotografía de cubierta: Diriye Amey / Shutterstock.com
Maquetación: Verónica Sosa

Ilustraciones: PABLO TORRECILLA: págs. 12 (dibujos 6 y 8), 21, 23, 26, 28, 33, 43, 44, 48, 59, 60, 63, 68, 72, 90. SHUTTERSTOCK: resto de dibujos.

Fotografías: ARCHIVO SGEL: pág. 69 foto 3; pág. 75 foto izquierda. CORDON PRESS: pág. 19: foto 8; pág. 23: fotos 2 y 3; pág. 91 fotos 1, 2, 3 y 4. EL PAÍS SEMANAL: pág. 31. GUADALUPE AMARO: pág. 75, foto derecha. GETTY IMAGES: pág. 10: fotos 1 y 4; pág. 69 fotos 1 y 2; pág. 72, pág. 93 ejercicio 17. SHUTTERSTOCK: resto de fotografías, de las cuales, solo para uso de contenido editorial: Unidad 1: pág. 6 foto 7: Alejo Miranda / Shutterstock.com; pág. 13 foto 8: maoyunping / Shutterstock.com; foto 9: Jirat Teparaksa / Shutterstock.com; Unidad 2: pág. 15 foto 1: Helga Esteb / Shutterstock.com; foto 2: Marcos Mesa Sam Wordley / Shutterstock.com; foto 3: Featureflash Photo Agency / Shutterstock.com; foto 4: Phil Stafford / Shutterstock.com; foto 5: Iván García / Shutterstock.com; foto 6: 360b / Shutterstock.com; foto 7: Denis Makarenko / Shutterstock.com; foto 8: Tinseltown / Shutterstock.com; foto Brasilia: R.M. Nunes / Shutterstock.com; pág. 16 foto 3: Featureflash Photo Agency / Shutterstock.com; foto 5: Paolo Bona / Shutterstock.com; pág. 19 foto ejercicio 15: Helga Esteb / Shutterstock.com; foto ejercicio 16: Featureflash Photo / Agency Shutterstock.com; Unidad 3: pág. 23 foto 4: Tinseltown / Shutterstock.com; pág. 29 Rihanna: Helga Esteb / Shutterstock.com; Kevin Jonas, Nick Jonas y Joe Jonas: Everett Collection / Shutterstock.com; David Beckham y sus hijos Romeo y Cruz: Jaguar PS / Shutterstock.com; Bruce Willis: s_bukley / Shutterstock.com; Madonna: Featureflash Photo Agency / Shutterstock.com; Peter Jackson y su hija Katie: Featureflash Photo Agency / Shutterstock.com; Unidad 4: pág. 36 Tenerife: slava296 / Shutterstock.com; Barcelona: Iakov_Filimonov / Shutterstock.com; pág. 38 móviles: Alexey_Boldin / Shutterstock.com; Unidad 5: pág. 41 Arco de Santa Catalina: Milosz Maslanka / Shutterstock.com; pág. 42 Buenos Aires: saiko3p / Shutterstock.com; La Habana: sunsinger / Shutterstock.com; pág. 45 San José: Dmitry Burlakov / Shutterstock.com; La Paz: Elzbieta Sekowska / Shutterstock.com; San Salvador: Fotos593 / Shutterstock.com; Montevideo: byvalet / Shutterstock.com; pág. 49 ejercicio 20 foto sello: KarSol / Shutterstock.com; Unidad 7: pág. 65 tren: Caron Badkin / Shutterstock.com; coche: Maksim Toome / Shutterstock.com: moto: pudk / Shutterstock.com; bicicleta: Marco Saroldi / Shutterstock.com; Unidad 10: pág. 86 Shakira: DFree / Shuterstock.com; pág. 88 Javier Bardem: DFree / Shutterstock.com; pág. 92 Juanes: Featureflash Photo Agency / Shutterstock.com.

Para cumplir con la función educativa del libro, se han utilizado algunas imágenes procedentes de internet: págs. 23 (fotos 1, 5 y 6), 24 (familia Alcántara), 29 (fotos Heidi y Homer Simpson), 64 y 92 (fotos 2 y 3).

Audio: Cargo Music

ISBN: 978-84-9778-954-7
Depósito legal: M-4404-2017
Printed in Spain – Impreso en España
Impresión: Liber Digital S.L.

Cualquier forma de reproducción, distribución, comunicación pública o transformación de esta obra solo puede ser realizada con la autorización de sus titulares, salvo excepción prevista por la ley. Diríjase a CEDRO (Centro Español de Derechos Reprográficos) si necesita fotocopiar o escanear algún fragmento de esta obra (www.conlicencia.com; 91 702 19 70 / 93 272 04 47).

CONTENIDOS

UNIDAD 1	En español	5
UNIDAD 2	Mucho gusto	14
UNIDAD 3	De fiesta con mi familia	23
UNIDAD 4	¡Buen fin de semana!	32
UNIDAD 5	Calle Mayor	41
UNIDAD 6	El menú del día	50
UNIDAD 7	De campo y playa	59
UNIDAD 8	Se alquila piso	68
UNIDAD 9	¿Estudias o trabajas?	77
UNIDAD 10	Recuerdos	86

TRANSCRIPCIONES	95
SOLUCIONES	104

EN ESPAÑOL

OBSERVA

1 Completa las presentaciones de estas personas.

1 .... Claudio y soy de Buenos Aires.

2 Me llamo Clara y .... de Caracas.

3 Me llamo Mauro y soy .... La Habana.

4 Me llamo Alejandra .... soy de Montevideo.

2 🔊 Escucha los números del 0 al 10. Escribe las letras que faltan.

c e ro   u__o   d__   t____   __atr__   __n__

s__s   s__t__   o__o   n__v__   d___

3 Completa las operaciones.

1 cinco + uno = ...
2 dos + tres = ...
3 seis + cuatro = ...
4 uno + dos = ...

5 tres + uno = ...
6 siete + dos = ...
7 cinco + dos = ...
8 cuatro + cuatro = ...

cinco **5**

4 a Señala las palabras en español. Después, habla con tu compañero.

- «Playa» es español.
- Sí. ¿Y «donna»?
- No sé.

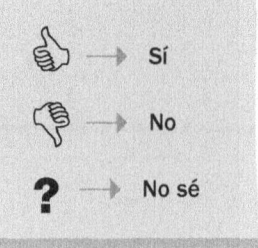

👍 → Sí
👎 → No
? → No sé

plage / playa / estación / telephon / guitarra / teléfono / shampoo / parfum / family / familia / hotel / mujer / station / donna / restaurant / restaurante / guitar / hôtel / perfume / champú

b Relaciona las palabras en español con las fotos anteriores. Escribe y comprueba con tu compañero.

1 p l a y a
2 _ _ _ _ _ _
3 _ _ _ _ _ _
4 _ _ _ _ _ _
5 _ _ _ _ _ _
6 _ _ _ _ _ _
7 _ _ _ _ _ _
8 _ _ _ _ _ _
9 _ _ _ _ _ _
10 _ _ _ _ _

c Escucha y comprueba.

5 Clasifica las siguientes palabras según su género.

guitarra • teléfono • playa • mujer • plaza • restaurante • familia • hotel • estación • universidad

masculino (EL)	femenino (LA)

6 Observa estas palabras y completa con los artículos (el, la, los, las).

1
- *el* niño
- ...... niña
- ...... niños
- ...... niñas

2
- ...... compañero
- ...... compañera
- ...... compañeros
- ...... compañeras

3
- ...... amigo
- ...... amiga
- ...... amigos
- ...... amigas

7 ¿Cuál es el plural de estas palabras?

1 el autobús — *los autobuses*
2 el bar
3 la casa
4 la profesora
5 el profesor
6 el ejercicio
7 el museo
8 la estación
9 el hospital
10 la página
11 la ciudad
12 el hotel
13 el número
14 el tren
15 la playa
16 la mujer

8 Clasifica las palabras que escuchas en el grupo de vocales correspondiente.

a - a	i - o	a - a - o	e - a - i - o	u - i - e - a - o
	niño			

PRACTICA

9 Relaciona las preguntas con las respuestas.

1 ¿Cómo te llamas?
2 ¿Cuál es tu número de teléfono?
3 ¿Cuál es tu correo electrónico?

a 66578940
b javier98@agenciaele.es
c Javier

10 Completa los diálogos con las siguientes palabras.

se llama • me llamo • te llamas

1 ■ Hola. Soy Patricia, y tú, ¿cómo ....?
• ¿Yo? ¡Alfredo!

2 ■ ¿Cómo .... la profesora?
• Marina.

3 Yo .... Gabriel, ¿y tú?

11 🔊 Escucha estas palabras y marca la sílaba fuerte, como en el ejemplo.

| amigo | música | hospital | información |
| a – (mi) – go | mú – si – ca | hos – pi – tal | in – for – ma – ción |

| página | monumento | estación | café |
| pá – gi – na | mo – nu – men – to | es – ta – ción | ca – fé |

| metro | hombre | banco | menú |
| me – tro | hom – bre | ban – co | me – nú |

12 **a** ¿Cómo se pronuncian estas palabras? Presta especial atención a las consonantes de las sílabas subrayadas.

h<u>o</u>tel   pla<u>z</u>a   pla<u>y</u>a   Mi<u>gu</u>el
fút<u>b</u>ol   <u>c</u>iudad   e<u>j</u>emplo   <u>g</u>uitarra
tele<u>v</u>isión pae<u>ll</u>a   <u>g</u>ente   profeso<u>r</u>a

b 🔊 Escucha y comprueba.

13 🔊 Escucha y escribe las palabras que oigas.

1 .... 3 .... 5 .... 7 ....
2 .... 4 .... 6 .... 8 ....

14 🔊 Escucha las conversaciones y escribe las palabras relacionadas con cada conversación. ¿Qué sonido es el que se escucha en cada conversación?

RADIO   OCHO   ESPAÑOL   PERÚ   HOLA   PLAYA
HOTEL   NIÑO   PAZ   CHAMPÚ   DIEZ
PAELLA   SEVILLA   GUITARRA

	PALABRAS RELACIONADAS
Conversación 1 Sonido	.... , ...
Conversación 2 Sonido	.... , ...
Conversación 3 Sonido	.... , ...
Conversación 4 Sonido	.... , ... , ...
Conversación 5 Sonido	.... , ... , ...
Conversación 6 Sonido	.... , ...

15 **ⓐ** ¿Cómo se lee el nombre de estos países?

Japón   Portugal
Hungría   Argentina
Egipto   Nigeria
Marruecos   Malasia
Bolivia   Irlanda
Etiopía   Jordania
Suiza   Cuba
China   Lituania
Uruguay   Indonesia
Austria   Argelia
Rusia   Bélgica
Suecia   Guinea Ecuatorial

ⓑ 🔊 Escucha y comprueba la pronunciación.

ⓒ ¿Se habla español en los países de la lista? ¿Dónde?

....

16 Observa estas palabras. ¿Cómo se dicen en tu idioma?

1. «Diccionario» significa *dictionary*
2. «Televisión» significa ....
3. «Restaurante» significa ....
4. «Tenis» significa ....
5. ¿Qué significa «parque»? ....
6. ¿Qué significa «mapa»? ....
7. ¿Qué significa «pasaporte»? ....

17 ¿Cómo se dice en español? Mira las imágenes y escribe los nombres.

1 .... 2 .... 3 ....

4 .... 5 .... 6 .... 7 ....

18 ¿Cómo se escribe? Escucha y escribe las palabras.

1 .... 4 .... 7 ....
2 .... 5 .... 8 ....
3 .... 6 .... 9 ....

19 ¿Cómo se escriben estas palabras? Escucha los diálogos y marca la forma correcta.

1	2	3	4	5
☐ Espagna ☐ España	☐ portugués ☐ portugés	☐ Onduras ☐ Honduras	☐ Paraguay ☐ Paraguai	☐ basco ☐ vasco

20 **a** Completa los diálogos con las siguientes expresiones.

Más despacio, por favor. • ¿Cómo se escribe? • ¿Cómo se dice «thank you» en español? • ¿Puede repetir, por favor?

DIÁLOGO 1
- ¿Tiene teléfono?
- Sí: 913486925.
- ....
- Perdone: 9-1-3-4-8-6-9-2-5

DIÁLOGO 2
- ¿Su nombre?
- Roberto Mendialdea.
- ¿Cómo? ....
- Sí, Mendialdea, Roberto Mendialdea.

DIÁLOGO 3
- ....
- «Gracias».
- ¡Oh! ¡Gracias!

DIÁLOGO 4
- ¿Cómo te llamas?
- Ainhoa.
- ....
- A-i-n-h-o-a.

b Escucha los diálogos y comprueba tus respuestas.

AMPLÍA

21 Ordena tus intereses de más (+) a menos (-). Después, compara con tu compañero.

la moda • la televisión • el cine • la educación • los negocios
la naturaleza • el arte • el deporte • la comida

Mis intereses son...

(+)
....
....
....
....
....
....
....
....
(-)

22 Completa las siguientes instrucciones con los verbos. Puede haber varias opciones.

mira • completa • lee • habla con • escucha • pregunta a • relaciona • escribe • observa

1 *Habla con* tu compañero.
2 .... el diálogo. 
3 .... el texto. 
4 .... la foto. 
5 .... la profesora. 
6 .... los dibujos. 
7 .... una lista de palabras. 
8 .... las palabras con los dibujos. 
9 .... la frase.

ALGO MÁS

23 Escribe los siguientes nombres con sus letras como en el ejemplo.

1 Javier: *jota, a, uve, i, e, erre*
2 Beatriz: ....
3 Roberto: ....
4 Verónica: ....
5 Jorge: ....
6 Helena: ....
7 Pablo: ....
8 Zoe: ....

24 Lee en voz alta los siguientes nombres de ciudades y países. Después, escríbelos en tu lengua.

1 Bruselas ....
   (Bélgica) ....

2 Nueva Delhi ....
   (India) ....

3 Estambul ....
   (Turquía) ....

4 Hamburgo ....
   (Alemania) ....

5 Viena ....
   (Austria) ....

6 Estocolmo ....
   (Suecia) ....

7 Milán ....
   (Italia) ....

8 Pekín ....
   (China) ....

9 Tokio ....
   (Japón) ....

25 Relaciona los signos con su nombre en español.

1 ,
2 @
3 .
4 ¿?
5 ¡!

a signos de interrogación
b coma
c punto
d signos de exclamación
e arroba

26 Completa las frases con los signos anteriores.

1 __Cómo te llamas__
2 __Hola__
3 Mi correo electrónico es: angel2003__gmail.com.
4 Hola__ me llamo Miquel y soy de Barcelona__
5 __Cuál es tu número de teléfono__
6 Mi nombre se escribe: hache__ e__ ele__ e__ ene__ a__

2 MUCHO GUSTO

OBSERVA

1 a Aquí tienes dos listas de nombres españoles, una de nombres de hombre y otra de nombres de mujer. En la lista de nombres de hombre hay tres nombres de mujer, y viceversa: en la lista de nombres de mujer hay tres de hombre. ¿Sabes cuáles son?

Nombres de hombre
- Alejo
- Chelo
- Diego
- Enrique
- Germán
- Gonzalo
- Guillermo
- Hugo
- Javier
- Jorge
- Lola
- Pelayo
- Pilar
- *Borja*

Nombres de mujer
- Ángeles
- Begoña
- ~~Borja~~
- Cecilia
- Charo
- Concha
- Jaime
- Laura
- Leonor
- María Jesús
- Juan Luis
- Raquel
- Rocío

b 🔊 Escucha y comprueba.

2 Escribe las preguntas.

¿Cómo te llamas? • ¿De dónde eres? • ¿A qué te dedicas?

1 ■ ....
• Soy cocinero.

2 ■ ....
• Soy argentino.

3 ■ ....
• Soy Alberto.

4 ■ ....
• Soy futbolista.

5 ■ ....
• Soy de Barcelona.

6 ■ ....
• Soy Carolina.

7 ■ ....
• Soy mexicana.

8 ■ ....
• Soy actor.

9 ■ ....
• Soy de Colombia.

3 Responde a las preguntas.

1. ¿Cómo te llamas? ....
2. ¿De dónde eres? ....
3. ¿A qué te dedicas? ....

4 Completa las frases que dicen estos personajes.

futbolista • actriz (x2) • cantante (x2) • cocinero • escritor • actor

1 Me llamo Sofía Vergara y soy ....

2 Me llamo Leo Messi y soy ....

3 Me llamo Salma Hayek y soy ....

4 Me llamo Enrique Iglesias y soy ....

5 Me llamo Jordi Cruz y soy ....

6 Me llamo Mario Vargas Llosa y soy ....

7 Me llamo Antonio Banderas y soy ....

8 Me llamo Shakira y soy ....

5 Relaciona los países y las capitales. ¿Se dicen igual en tu idioma?

Argentina	París
China	Berlín
Marruecos	Moscú
Francia	Rabat
Brasil	Washington
Rusia	Buenos Aires
Estados Unidos	Pekín
Alemania	Roma
Italia	Tokio
España	Lima
Japón	Brasilia
Perú	Madrid

Brasilia

Rabat

quince **15**

6 ¿Qué lenguas hablan en los siguientes países? Completa las frases.

japonés • portugués • árabe • ruso • francés • chino • español • inglés • alemán • italiano

1 En Cuba hablan ....
2 En Japón hablan ....
3 En China hablan ....
4 En Australia hablan ....
5 En Italia hablan ....
6 En Alemania hablan ....
7 En Portugal hablan ....
8 En Marruecos hablan ....
9 En Rusia hablan ....
10 En Francia hablan ....

7 Completa.

	hablar
yo	
tú	
él/ella	*habla*
nosotros/nosotras	*hablamos*
vosotros/vosotras	*habláis*
ellos/ellas	

8 Completa como en el ejemplo.

1 Shakespeare es un escritor *inglés*.

2 Marrakech es una ciudad ....

3 Tom Cruise es un actor ....

4 La *pizza* es una comida ....

5 Messi es un futbolista ....

6 El *sushi* es una comida ....

7 El koala es un animal ....

8 Ai Weiwei es un artista ....

9 Hamburgo es una ciudad ....

9

a Forma frases relacionando las profesiones con sus definiciones.

1. Un periodista...
2. Una funcionaria...
3. Una persona en paro...
4. Una jubilada...
5. Un médico...
6. Un ingeniero...
7. Un empresario...
8. Un administrativo...

a ... trabaja en un hospital.
b ... trabaja en un periódico.
c ... no trabaja, tiene más de 65 años y recibe una pensión del Estado.
d ... trabaja para el Estado.
e ... no trabaja en este momento.
f ... trabaja en una oficina.
g ... es propietario de una empresa.
h ... diseña puentes o automóviles.

b Ahora completa tú estas frases.

1. Una arquitecta diseña ....
2. Un actor ....
3. Un camarero ....
4. Una estudiante ....
5. Un profesor ....
6. Una cantante ....

10

a Escucha este anuncio de radio de la ONG (Organización No Gubernamental) "Solidaridad en acción" y completa el eslogan.

Todos ...., pero todos somos iguales.
SOLIDARIDAD EN ACCIÓN = Campaña por la igualdad

b Vuelve a escuchar el anuncio y escribe las nacionalidades que oigas.

11

a Escribe las nacionalidades del ejercicio 10 **b** en la tabla. Luego, complétala.

-o/-a		Consonante/+a		Invariable
masculino	femenino	masculino	femenino	masculino y femenino

b ¿A qué países pertenecen estas nacionalidades? Escríbelo. Después, comprueba tus hipótesis en tu diccionario.

1 chileno		7 neozelandesa		13 sudafricano	
2 austriaca		8 tanzano		14 alemán	
3 coreano		9 polaco		15 islandés	
4 indio		10 estadounidense		16 cubano	
5 australiana		11 mexicana		17 belga	
6 egipcio		12 iraní		18 marroquí	

PRACTICA

12 **a** Aquí tienes dos diálogos informales, pero están mezclados. Intenta separarlos y ponerlos en orden.

- ¡Hola, Álex! ¿qué tal?
- Hola. Mira, esta es Mónica, una compañera de clase. Este es Alberto, mi compañero de trabajo.
- Hola, encantado.
- Hola, Mónica. Encantado.
- Bien. Mira, te presento a Susana, una amiga. Este es mi hermano Álex.
- ~~¡Hola!, ¿qué tal?~~
- ¡Hola! Mucho gusto.

Diálogo 1	Diálogo 2
Álex: *¡Hola!, ¿qué tal?*	Mónica: *¡Hola!*
Jaime:	Laura:
Susana:	Alberto:
Álex:	Mónica:

b 🔊 Escucha y comprueba.

13 Un amigo te enseña unas fotos. Completa lo que te dice utilizando *este/esta/estos/estas*.

1. «*Estos* son Adolfo y Juanjo, jugando al fútbol estas vacaciones».

2. «Mira, ... es Álvaro, un compañero de trabajo».

3. «............ son Ana y Lisa. Las dos son argentinas, de Córdoba, creo».

4. «Y .... es Rosa Mari, una exnovia, en la playa».

5. «............ somos Laura y yo, en Madrid, en 2006».

6. «............ son Óscar y Carla, unos amigos de toda la vida».

14 Completa con *soy, soy yo* o *eres*.

1. ■ Buenas tardes, ¿............ Alberto?
   ● No, yo .... Daniel.

2. ■ ¿Gabriela?
   ● Sí, ...
   ■ ¡Hola! .... Carlos, el director de la escuela.

3. ■ Buenos días, ¿............ Felipe?
   ● Sí, ...
   ■ Hola, yo .... Lourdes.

15 Relaciona las preguntas y las respuestas.

1	¿Cómo se llama?	a	Es español.
2	¿De dónde es?	b	Es actor.
3	¿A qué se dedica?	c	Antonio Banderas.
4	¿Está casado?	d	No, está divorciado.

16 Observa la foto y responde a las preguntas.

1. ¿Cómo se llama?
   ....

2. ¿De dónde es?
   ....

3. ¿A qué se dedica?
   ....

4. ¿Está casada?
   ....

17 Relaciona. Hay varias opciones.

1	Trabajo en			oficina.
2	Irina y Olga son		un	amigos mexicanos.
3	Pancho y Lupe son			profesora de español.
4	El señor Dupont es		una	científicas holandesas.
5	Iker es			compañero de clase.
6	Ellos son		unos	músicos argentinos.
7	Ellas son			jubilado francés.
8	Ana María es		unas	estudiantes rusas.

18

a) Completa los siguientes diálogos formulando la pregunta correspondiente en cada caso.

1. ■ *¿Estás casado o soltero?*
   ● Soltero.
2. ■ ....
   ● No, soltero, pero vivo con mi novia.
3. ■ ....
   ● Clara, Clara Rivas.
4. ■ ....
   ● Soy argentina, pero vivo en Barcelona.
5. ■ ....
   ● Soy ingeniero.
6. ■ ....
   ● Soy funcionaria. Trabajo en el Ministerio de Educación y Cultura.
7. ■ ....
   ● ¿Argentino? No, soy venezolano, pero vivo en Barcelona.
8. ■ ....
   ● Francés, holandés, inglés, alemán y un poco de español.

b) 🔊 Escucha y comprueba.

c) ¿Cómo se escriben las preguntas del ejercicio 18 **a**? Mira la transcripción y comprueba si has escrito bien las preguntas. Fíjate en la ortografía.

19

a) 🔊 Escucha otra vez los diálogos y señala en el ejercicio 18 **a** si la entonación de la última sílaba de las preguntas es ascendente (↗) o descendente (↘).

¿Estás casado o soltero? ↘

b) Vuelve a leer la transcripción de los diálogos del ejercicio 18 **a** y completa esta tabla de verbos.

	estar	hablar	llamarse	dedicarse	ser
yo					
tú					
él/ella					

20

🔊 Lee este anuncio de periódico. Luego, escucha a tres personas que se presentan al *casting* y hablan de sí mismos, y completa las fichas con la información que dan.

CASTING
SE NECESITAN PERSONAS JÓVENES para anuncio publicitario de TV
Interesados/-as, presentarse en la c/ Gran Vía, 42, 1.º 2.ª, los próximos días 12 y 13, de 14:00 a 16:00 h. No se requiere experiencia previa.

1
Nombre: *Carlos*
Apellido: *Fabián*
Nacionalidad:
Estado civil:
Estudios:
Trabajo:

2
Nombre:
Apellido:
Nacionalidad:
Estado civil:
Estudios:
Trabajo:

3
Nombre:
Apellido:
Nacionalidad:
Estado civil:
Estudios:
Trabajo:

AMPLÍA

21 **a** ¿Recuerdas los productos que venden en el supermercado del ejercicio 16 **b** del libro de clase? ¿Recuerdas su nacionalidad? Corrígelos.

1. ron ~~ruso~~ *cubano*
2. vodka chileno ....
3. whisky holandés ....
4. vinos españoles, escoceses, italianos ....
5. cervezas de importación, mexicanas, alemanas o iraníes ....
6. salmón francés ....
7. caviar argentino ....
8. chocolates noruegos y belgas ....

b 🔊 Escucha de nuevo el anuncio de la Selección Gourmet del ejercicio del supermercado del ejercicio 16 **b** del libro de clase, y comprueba tus hipótesis.

22 Ordena los días de la semana.

1. *lunes*
2. ....
3. ....
4. ....
5. ....
6. ....
7. ....

23 Completa los diálogos.

Buenas tardes • ¿Qué tal? • Adiós • Buenos días • ¡Hasta mañana!

1. Adiós, muchas gracias. / ....
2. Buenos días. / Hola. ....
3. Buenas tardes. / ....
4. Este es mi amigo Antonio. / Hola. ....
5. ¡Adiós! .... / Adiós.

ALGO MÁS

24 En España, y en muchos países hispanos, las personas tienen dos apellidos, uno del padre y otro de la madre. Mira el árbol genealógico de esta familia y completa los apellidos de sus miembros.

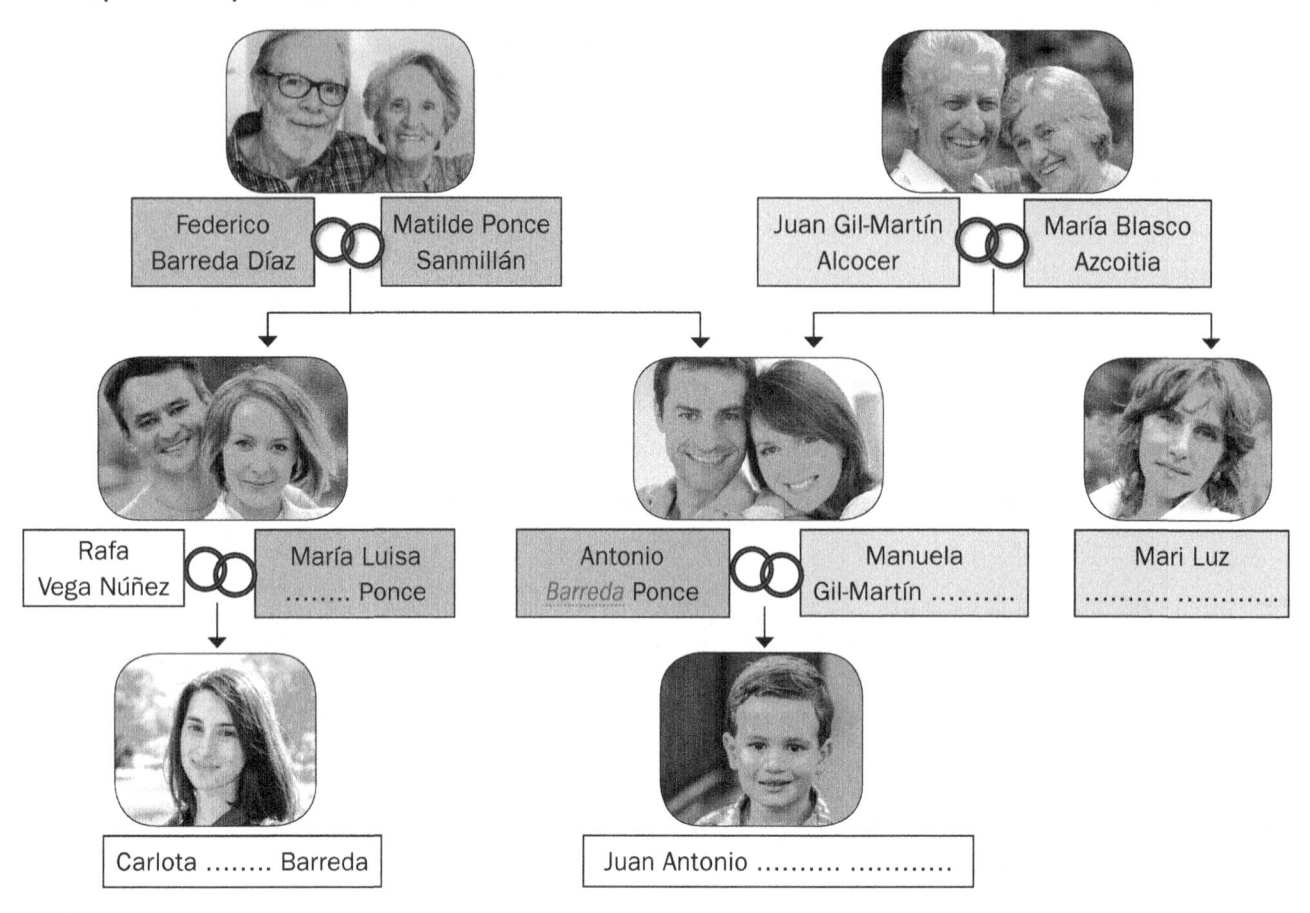

Federico Barreda Díaz ⚭ Matilde Ponce Sanmillán

Juan Gil-Martín Alcocer ⚭ María Blasco Azcoitia

Rafa Vega Núñez ⚭ María Luisa .... Ponce

Antonio *Barreda* Ponce ⚭ Manuela Gil-Martín ....

Mari Luz ....

Carlota .... Barreda

Juan Antonio ....

25 **a** Observa los nombres y apellidos de estas personas: todos tienen una «g» o una «j». Intenta pronunciarlos.

- Alejo García Castaño
- Begoña Alonso Guerrero
- Enrique Moreno Jiménez
- Concha Gallego Ceballos
- Germán Ayala Fernández
- Gonzalo Llorens Sabater
- Cecilia Jerez Peralta
- Guadalupe Chaparro Llamas
- Jaime Vañó Gil-Toresano
- Javier Guillén Zabaleta
- Leonor Giménez Quintana
- Jorge Muñoz Minguela
- Juan Luis Serrano de la Torre
- María Jesús Loureiro Pereira
- Raquel Guevara Hierro
- Guillermo Cortés Castaño

b 🔊 Escucha cómo se pronuncian los nombres y apellidos anteriores y escríbelos en la tabla, clasificándolos según el sonido.

Sonido [x]	Sonido [g]
Ja:	Ga: *García*
Ge, je:	Gue:
Gi, ji:	Gui:
Jo: *Alejo*	Go:
Ju:	Gu:

c ¿Se pronuncia la «u» en estos nombres y apellidos?

	Sí	No
Guadalupe		
Guerrero		

	Sí	No
Minguela		
Guevara		

	Sí	No
Guillén		
Guillermo		

3 DE FIESTA CON MI FAMILIA

OBSERVA

1 Observa la imagen. ¿Qué texto le corresponde: A o B?

¿A o B?

A Aquí estoy yo con mi familia: mi padre, mi madre, mi abuela María y mi hermano Juan. ¡Ah, y mi tío Carlos!

B Aquí estoy yo con mi familia: mis abuelos, María y Felipe, mi tío Carlos y mis hermanos Juan y Sonia.

2 Completa las frases con estas palabras.

hijos • hermanos • mujer • abuelo • madre • hermana • marido

1 Heidi y su ....

2 Miguel Bosé y su ....

3 Los .... Gasol.

4 Penélope Cruz y su ....

5 Homer con su .... y sus ....

6 Morticia y su ....

veintitrés **23**

3 Los Alcántara son una familia muy famosa en España por la serie *Cuéntame*.
Escribe los nombres de la familia de Carlos.

Su madre • Su padre • Su hermano • Su hermana • Su abuela

Carlos

1
2
3
4
5

4 Completa con vocabulario de la familia.

1 La hermana de mi madre es mi ....
2 El padre de mi padre es mi ....
3 El hijo de mis tíos es mi ....
4 La hija de mi hijo es mi ....
5 El hijo de mi hermano es mi ....
6 Yo soy la madre de mi .... Alberto.

5 🔊 Escucha estos doce números y escríbelos.

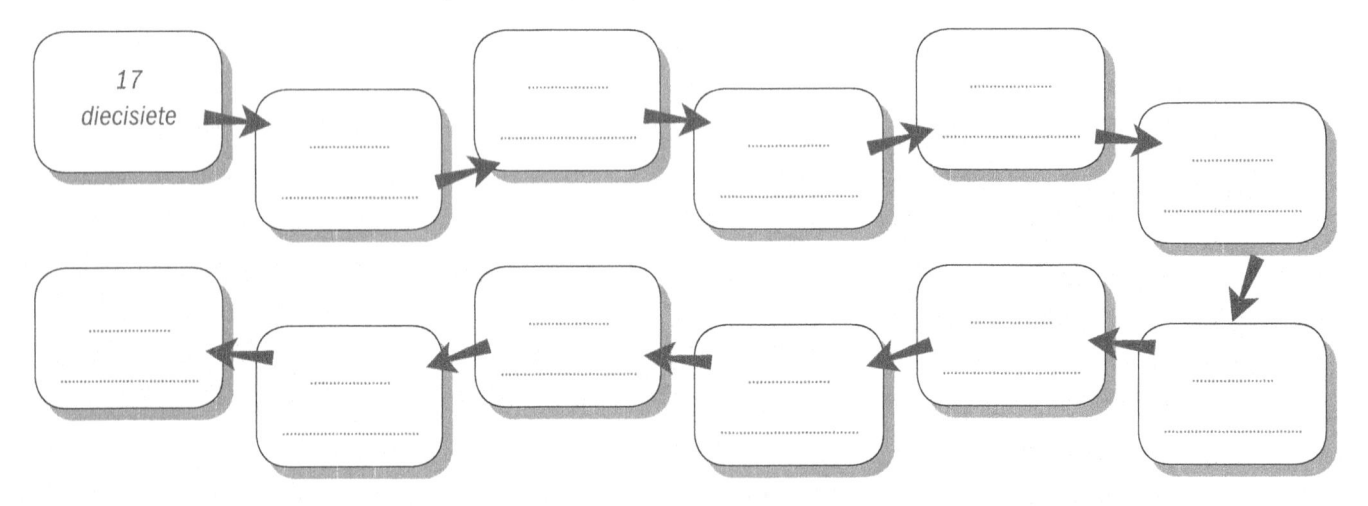

17
diecisiete

6 **a)** ¿Cómo se pronuncian estos números? Escucha con atención y repite.

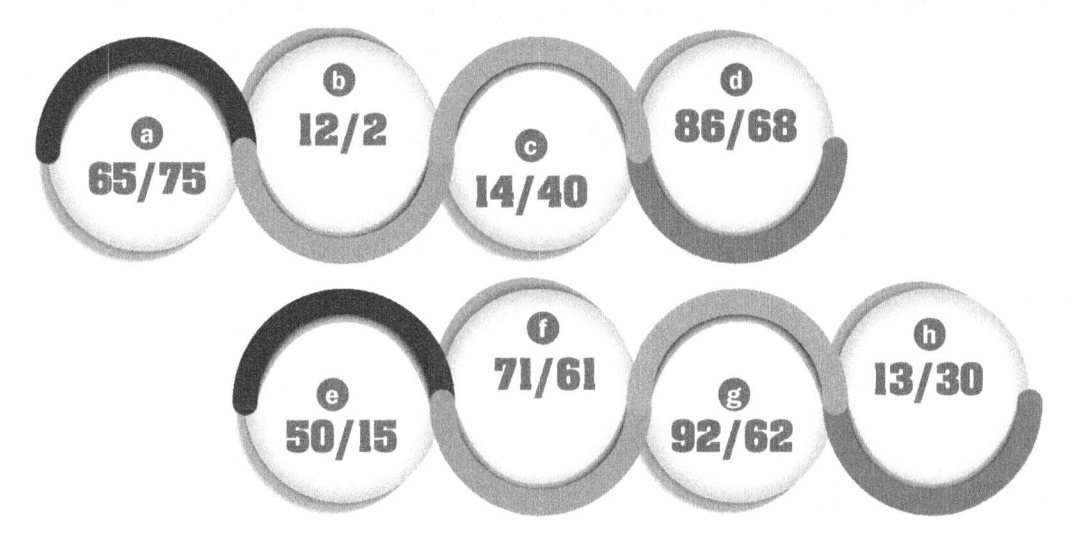

- **a)** 65/75
- **b)** 12/2
- **c)** 14/40
- **d)** 86/68
- **e)** 50/15
- **f)** 71/61
- **g)** 92/62
- **h)** 13/30

b) Ahora escucha los diálogos y señala el número que oigas en cada uno.

- **a)** 65 / 75
- **b)** 12 / 2
- **c)** 14 / 40
- **d)** 86 / 68
- **e)** 50 / 15
- **f)** 71 / 61
- **g)** 92 / 62
- **h)** 13 / 30

7 Relaciona.

20	noventa
30	cuarenta y nueve
49	setenta
55	veinte
62	treinta
70	sesenta y dos
81	ochenta y uno
90	cincuenta y cinco

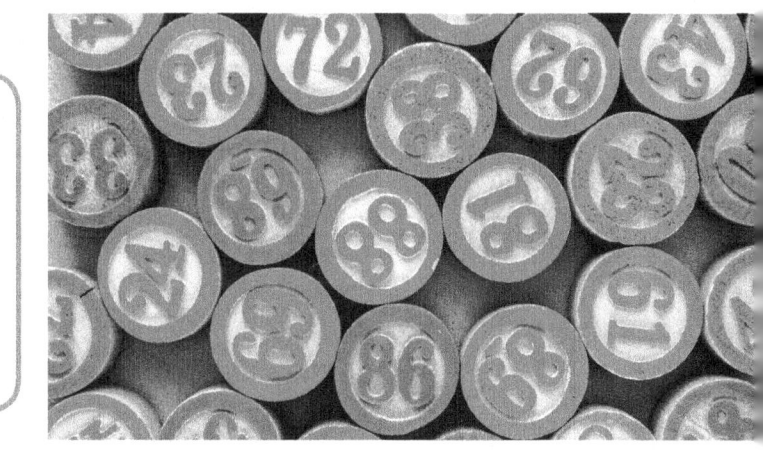

8 Escucha estos dos anuncios de información telefónica y relaciona cada anuncio con uno de los siguientes números.

- 11811 _____
- 11822 _____
- 11888 _____
- 11824 _____

9 ¿Recuerdas la conjugación de estos verbos en presente?

	tener	vivir
yo		
tú		
él/ella		
nosotros/nosotras		
vosotros/vosotras		
ellos/ellas		

10 Completa las frases con los verbos *tener* o *vivir*.

1. ■ ¿Dónde .... tú?
   • .... en Bilbao, pero soy de Zaragoza.
2. ■ ¿Cuántos años .... tu padre?
   • .... 56 años.
3. ■ ¿Vosotros cuántos años ....?
   • .... 28 años.
4. ■ ¿Vosotros .... en Málaga?
   • No, ... en Sevilla.
5. ■ ¿Tu marido .... hermanos?
   • Sí, ... dos, Julio y Celia.
6. ■ ¿Tu hermano Alejandro .... más de 18 años?
   • No, ... 16 años.

PRACTICA

11 ⓐ Completa las viñetas con las frases que faltan.

1. ¿A qué te dedicas?
2. ¿Cuántos años tienes?
3. No, no, vengo con mi nieto.
4. ¿Vienes sola a la fiesta?
5. ¿Y por qué viene?
6. Oye, ¿te puedo hacer unas preguntas?
7. Somos tres.
8. Yo, por el ambiente, y por hacer deporte.
9. ¿Cómo se llama?

Viñeta 1:
- Oiga, perdone, por favor... Soy periodista, ¿puedo hacerle unas preguntas?
- ¿Sí?
- Sí, sí.
- [a] ....
- Pepe, Pepe Ruiz.
- ¿Cuántos años tiene?
- 74.
- [b] ....
- Es este chico.
- ¿Viene solo a la fiesta?
- [c] ....
- Por mi nieto. Vienen muchos niños de su edad...

Viñeta 2:
- [d] .... Es para un reportaje...
- ¡Vale!
- ¿Cómo te llamas?
- [e] ....
- Laura, me llamo Laura.
- [f] ....
- 18. Soy estudiante.
- [g] ....
- No, vengo con mis hermanas.
- ¿Cuántas sois?
- [h] ....
- ¿Y por qué venís a la fiesta?
- [i] ....
- Pues yo vengo porque soy ecologista. ¡Y porque es una fiesta muy divertida!
- Yo también.

ⓑ 🔊 23 **Escucha y comprueba.**

12 Completa los diálogos con los verbos en la forma *usted* (entrevista a Pepe Ruiz) y en la forma *tú* (entrevista a Laura).

> **1 Entrevista a Pepe Ruiz (74 años)**
>
> ■ Oiga, perdone, por favor… Soy periodista, ¿puedo hacerle unas preguntas?
> ● Sí, sí.
> ■ ¿Cómo (llamarse) ....?
> ● Pepe, Pepe Ruiz.
> ■ ¿Cuántos años (tener) ....?
> ● 74.
> ■ ¿(Venir) .... solo a la fiesta?
> ● No, no, vengo con mi nieto. Es este chico.
> ■ ¿Y por qué viene?
> ● Por mi nieto. Vienen muchos niños de su edad.

> **2 Entrevista a Laura (18 años)**
>
> ■ Oye, ¿te puedo hacer unas preguntas? Es para un reportaje…
> ● ¡Vale!
> ■ ¿Cómo (llamarse) ....?
> ● Laura, me llamo Laura.
> ■ ¿Y cuántos años (tener) ....?
> ● 18.
> ■ ¿(Venir) .... sola a la fiesta?
> ● No, vengo con mis hermanas.
> ■ ¿Y por qué venís a la fiesta?
> ● Pues yo vengo porque soy ecologista.

13 Completa con la relación de familia, como en el ejemplo.

1. Luisa es hija de mi madre… ¡Es mi *hermana* mayor!
2. Ana es mi ...., es hija de mi hermano Pablo.
3. José es hijo de mi hija. Es mi .... favorito.
4. Mi .... Ramón es el padre de mi madre.
5. Mi .... Conchi es la hermana de mi padre.
6. Los hijos de mis tíos son mis .... Tengo siete en total.
7. Pedro y Adrián, mis tíos, son los .... de mi padre.
8. Javier es mi ...., hijo de mi tío.

14 Elige el posesivo correcto para cada frase.

1. *Mi / Tu* familia no es muy grande, solo tengo un hermano.
2. ¿Qué día es *tus / tu* cumpleaños?
3. Alfonso no vive con *su / mi* mujer, están separados.
4. Marta trabaja con *su / sus* tíos en un restaurante.
5. Mi hija la pequeña está casada. *Mis / Sus* hijos tienen tres y cinco años.
6. ¿Cómo se llaman *tus / tu* padres?
7. *Mis / Tu* sobrinos, los hijos de mi hermana Isabel, son muy inteligentes.
8. José no está casado, pero vive con *sus / su* novia.
9. ¿Cuántos años tiene *su / sus* abuela?
10. Laura vive sola: *su / mi* padre se ha ido a vivir a Florencia.

15 a Completa el diálogo con las intervenciones del cuadro.

> a ¡Anda! ¿Y qué edad tienen?
> b ¿Y a qué se dedica tu marido?
> c Y estás casada, ¿no?
> d ¿Yo? Tres. Dos hermanos y una hermana.
> f Sí.
> g Mi hermana sí y mi hermano José, el pequeño, también. Mi otro hermano está soltero. ¿Tú tienes hermanos?

■ Y tú, Marta, ¿cuántos hermanos tienes?
● [1] ....
■ Entonces sois cuatro.
● [2] ....
■ Y tus hermanos, ¿están casados?
● [3] ....
■ No, yo soy hija única.
● [4] ....
■ Sí, con un italiano. Tenemos dos hijos.
● [5] ....
■ La niña doce y el niño ocho.
● [6] ....
■ Es médico, pero ahora no trabaja.

b Escucha el diálogo completo y comprueba tus respuestas.

16 **a)** ¿Cómo son los personajes? Lee las descripciones y subraya las palabras y expresiones que describen a cada uno.

1 Pepe Ruiz tiene 74 años. Está jubilado. Es un poco bajo y gordo. Está casado, tiene dos hijos y un nieto.

2 Laura tiene 18 años. Es estudiante. Es rubia, muy alta y delgada. Es muy guapa. Está soltera.

3 María José tiene 42 años. Es morena, bastante alta y gordita. Está divorciada y tiene dos hijos.

b) Copia en las siguientes tablas las palabras o expresiones que has subrayado.

SER			
un poco[1]	bajo		
	gordo		

[1] Se usa para cosas negativas.

TENER	

ESTAR	

17 **a)** Lee esta conversación entre Diego y Susana. Completa el diálogo con la forma correcta de los verbos *ser, estar* y *tener*.

■ Oye, Diego, ¿no tienes fotos de tus amigos?
● Sí, claro.
■ ¿Por qué no me las enseñas?
● Pues sí, mira. Tengo algunas en el móvil.
■ ¿A ver? ¿Estas quiénes son?
● Pilar y Bea. Son hermanas.
■ ¿Hermanas? [1] .... muy diferentes.
● Sí, es verdad. Pilar [2] .... rubia. Bea, en cambio, [3] .... morena.
■ ¿Quién es la mayor?

● Pilar. [4] .... 27 años. Y mira, aquí estamos Alberto y yo.
■ ¿Tú?
● Sí, es que en esta foto llevo gafas…
■ Ya veo. Oye, tu amigo… ¿[5] .... casado?
● ¿Alberto? No. Y creo que no tiene novia.
■ ¿De verdad? [6] .... muy guapo.
● Sí, y muy simpático. Si quieres, te lo presento.
■ ¿Sí? ¡Vale! ¿Cuándo?
● Pues… No sé… ¡Pronto!

b) Escucha ahora la conversación entre Diego y Susana y comprueba tus respuestas.

18 ¿Conoces a estos personajes? Elige uno y descríbelo a tu compañero. Él tiene que adivinar de qué personaje hablas.

▪ *Es una chica morena, es delgada y es muy trabajadora.*
● *Sí.*
▪ *¿Tiene más de 25 años?*
● *¿Es Rihanna?*
▪ *¡Sí!*

Descripción física
Es (muy / bastante / un poco):
- alto/-a, bajo/-a
- gordo/-a, guapo/-a
- feo/-a, delgado/-a
- rubio/-a, moreno/-a
- calvo/-a

Rihanna — Heidi — Kevin Jonas, Nick Jonas, Joe Jonas — David Beckham y sus hijos Romeo y Cruz
Homer Simpson — Bruce Willis — Madonna — Peter Jackson y su hija Katie

Carácter
- alegre
- inteligente
- serio/-a
- simpático/-a
- sociable
- tímido/-a
- trabajador(a)

AMPLÍA

19 ¿Recuerdas los meses del año? Escribe las vocales que faltan. ¡Ojo! En algunos casos hay dos vocales juntas.

1 f _ br _ r _
2 j _ n _ _
3 _ g _ st _
4 s _ pt _ _ mbr _
5 d _ c _ _ mbr _
6 _ n _ r _
7 _ ct _ br _
8 m _ rz _
9 _ br _ l
10 n _ v _ _ mbr _
11 m _ y _
12 j _ l _ _

20 Completa esta hoja de registro en un hotel con tus datos personales.

HOTEL PALACIO ★★★   HABITACIÓN 214
Datos del cliente
Nombre: ....
Apellidos: ....
Fecha de nacimiento: ....
Lugar de nacimiento: ....
N.º de DNI o pasaporte: ....
Correo electrónico: ....
Teléfono de contacto: ....
FECHA DE LLEGADA: ....
FECHA DE SALIDA: ....
FIRMA DEL CLIENTE:

21 Relaciona las preguntas con las respuestas.

1 ¿Cuántos meses tiene un año? ____
2 ¿Cuántas semanas tiene un año? ____
3 ¿Cuántos días tiene diciembre? ____
4 ¿Cuántos días tiene una semana? ____
5 ¿Cuántas horas tiene un día? ____
6 ¿Cuántos días tiene abril? ____

a Siete   **b** Treinta y uno   **c** Doce   **d** Treinta   **e** Cincuenta y dos   **f** Veinticuatro

22 **ⓐ** ¿Cómo es una familia típica de tu país? ¿Existe un modelo tradicional de familia? ¿Y modelos nuevos?

- En mi país una familia normal es un matrimonio con dos o tres hijos. Por ejemplo, mi familia; somos dos hermanas y mis padres.
- Pues en mi país, las parejas no se casan...
- Y en mi país, las mujeres se casan muy jóvenes...

ⓑ Mira las fotografías y las frases que las acompañan. Son nuevos tipos de familia en la España actual. ¿Qué título y qué texto corresponde a cada foto?

> En las revistas generalmente hay fotos y dibujos. Mirarlos ayuda a comprender los textos escritos.

Títulos
- a familia biológica / adoptiva
- b familia homoparental
- c familia monoparental
- d familia reconstituida

Textos
1. Ángela Bautista (periodista). Madre soltera (por inseminación artificial). Ángela tiene pareja, pero no viven juntos.
2. José y Lourdes viven juntos con Jana, Elio, Marina y Vera. Jana y Elio son hijos de ella. Marina es hija de José y de su exmujer. Vera es hija de José y Lourdes.
3. Julia (diseñadora gráfica) y Esther (cocinera) viven juntas. Teo y Julia, mellizos, son hijos biológicos de Esther.
4. Yun es muy feliz con sus padres adoptivos y sus dos hermanos: Álvaro y Marcos.

«Nos sentimos padres de dos chicos españoles y de una niña china, es una cosa muy especial».

Foto 1 TÍTULO ... TEXTO N.º ...

Foto 2 TÍTULO ... TEXTO N.º ...

«Sí, nuestra casa es un lío. Pero somos felices».

Foto 3 TÍTULO ... TEXTO N.º ...

«No hay padre, mi familia somos mi hija y yo».

Foto 4 TÍTULO ... TEXTO N.º ...

«Nos amamos, nos hacemos bien, crecemos juntos. Es la base de la familia».

Adaptado de *El País Semanal*

ⓒ Piensa en personas de tu entorno. ¿Cómo es su familia? ¿A qué foto se parecen más?

- Mi amiga María está soltera y tiene una hija.
- Mis vecinos tienen dos hijos, pero la mujer tiene otro hijo de su primer marido.

ⓓ ¿Existen todos estos tipos de familia en tu país? ¿Son frecuentes? Coméntalo con tus compañeros.

En mi país, no hay familias homoparentales...

ALGO MÁS

23 Observa las siguientes conversaciones, una es entre dos españoles y la otra entre dos argentinos. Subraya las diferencias en los verbos y en los pronombres.

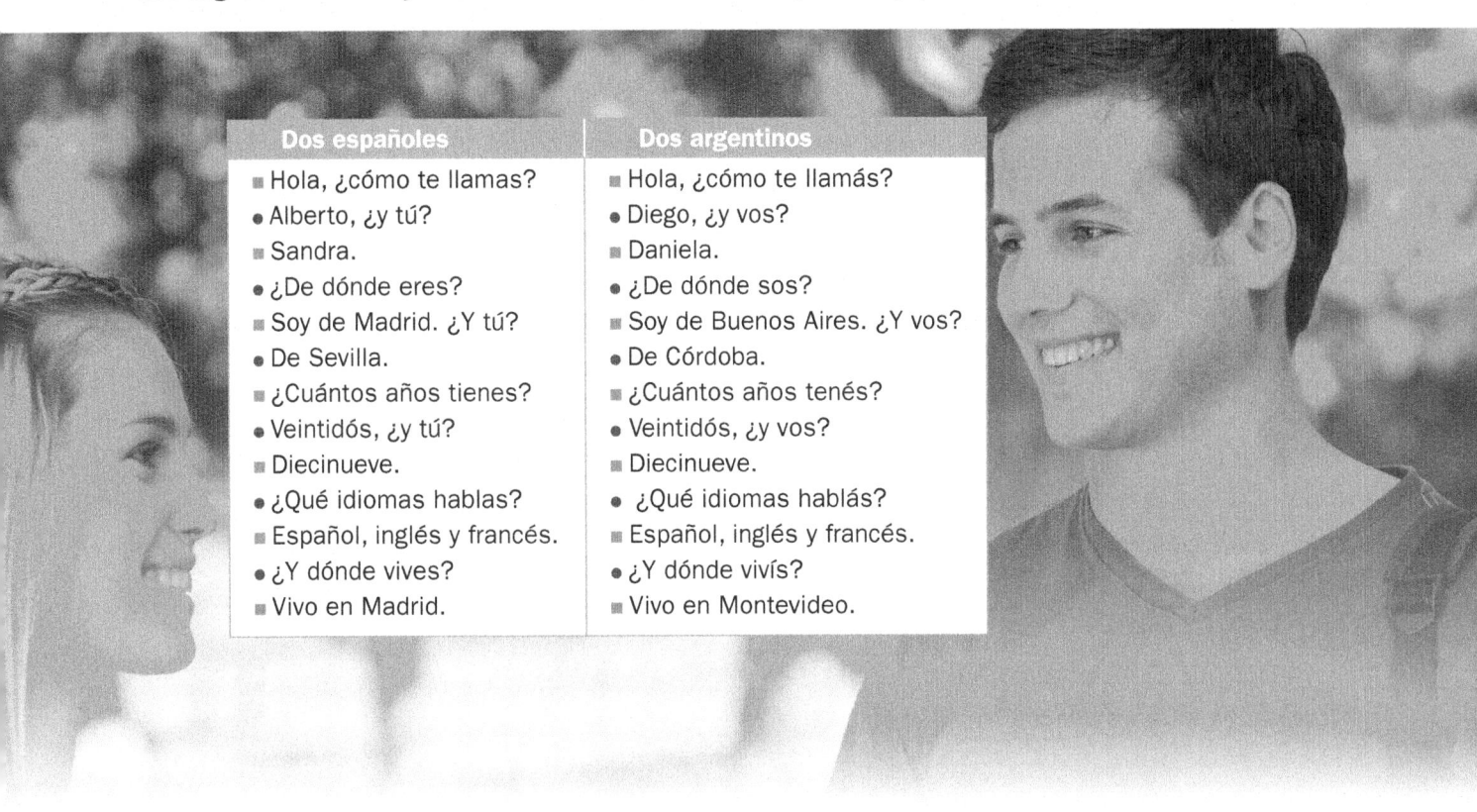

Dos españoles	Dos argentinos
■ Hola, ¿cómo te llamas?	■ Hola, ¿cómo te llamás?
● Alberto, ¿y tú?	● Diego, ¿y vos?
■ Sandra.	■ Daniela.
● ¿De dónde eres?	● ¿De dónde sos?
■ Soy de Madrid. ¿Y tú?	■ Soy de Buenos Aires. ¿Y vos?
● De Sevilla.	● De Córdoba.
■ ¿Cuántos años tienes?	■ ¿Cuántos años tenés?
● Veintidós, ¿y tú?	● Veintidós, ¿y vos?
■ Diecinueve.	■ Diecinueve.
● ¿Qué idiomas hablas?	● ¿Qué idiomas hablás?
■ Español, inglés y francés.	■ Español, inglés y francés.
● ¿Y dónde vives?	● ¿Y dónde vivís?
■ Vivo en Madrid.	■ Vivo en Montevideo.

24 En Argentina y en algunos lugares de América utilizan el pronombre *vos* en lugar de *tú*. Completa la siguiente tabla con los verbos que faltan.

	hablar	tener	vivir	ser	llamarse
yo	hablo	tengo	vivo	soy	me llamo
tú					
vos					
él/ella/usted	habla	tiene	vive	es	se llama

25 El pronombre *vosotros/vosotras* se utiliza principalmente en España, pero en la mayoría de los países donde se habla español se utiliza normalmente la forma *ustedes*. Escribe las siguientes preguntas con la forma verbal que corresponde a *ustedes* como en el ejemplo.

1. ¿Vosotros tenéis hijos?
   ¿Ustedes tienen hijos?

2. ¿Habláis español?

3. ¿Cómo os llamáis?

4. ¿Venís solos a la fiesta?

5. ¿Vivís en España?

6. ¿Cuántos años tenéis?

4 ¡BUEN FIN DE SEMANA!

OBSERVA

1 Completa con los siguientes verbos.

> ir ver salir hacer jugar escuchar leer

1 .... al tenis
2 .... la tele
3 .... de compras
4 .... deporte
5 .... al campo
6 .... libros
7 .... vídeos
8 .... al cine
9 .... por la noche
10 .... música
11 .... gimnasia
12 .... al teatro

2 Completa las frases con información sobre ti.

Me gusta ...

No me gusta ...

1 Me gusta ir ....
  No me gusta ir ....
2 Me gusta ver ....
  No me gusta ver ....
3 Me gusta salir ....
  No me gusta salir ....
4 Me gusta hacer ....
  No me gusta hacer ....
5 Me gusta jugar ....
  No me gusta jugar ....
6 Me gusta escuchar ....
  No me gusta escuchar ....
7 Me gusta leer ....
  No me gusta leer ....

3 a Mira esta página web. Para encontrar información sobre las actividades siguientes, ¿qué sección de la página web debes mirar?

Cine	Teatro	Arte	Cursos	Tiendas	Bares
Deportes	Música	Discotecas	Restaurantes	Otros	

1 Para salir por la noche.
2 Para hacer gimnasia o pilates.
3 Para ver una película.
4 Para ir a un concierto.
5 Para ver una exposición de pintura.
6 Para comprar un regalo.
7 Para cenar fuera.
8 Para aprender a cocinar.
9 Para bailar.
10 Para jugar al tenis o al *squash*.
11 Para ver una obra de Lope de Vega o de Shakespeare.

b Mira los personajes de la actividad 2 del libro de clase y lee sus gustos y hábitos. ¿Qué secciones de la página web crees que prefieren ver?

Luis Jiménez del Olmo

Paloma Martín

Miquel Milá

4 Escribe los nombres de cada actividad (en infinitivo).

1 *cocinar*    2  ....   3  ....   4 ....

5  ....   6  ....   7  ....   8 ....

5 Completa los verbos *leer, ver* e *ir*.

	leer	ver	ir
yo	leo		
tú		ves	
él/ella/usted			va
nosotros/nosotras	leemos		
vosotros/vosotras		veis	
ellos/ellas/ustedes			van

6 Doce personas escriben en una página web para conocer nuevos amigos. Lee qué dicen y ordena las palabras de sus frases.

1 juego-al-semana-dos-o-tres-veces-por-tenis
Juego al tenis dos o tres veces por semana.

2 casi-al-teatro-nunca-voy

3 con-veces-voy-a-bailar-a-amigos

4 los-días-leo-casi-todos

5 me-gusta-ir-a-la-semana-una-vez-por-discoteca

6 hago-días-todos-los-deporte

7 periódico-leo-el-mañana-por-la-normalmente,

8 voy-de-semana-todos-los-fines-de-excursión

9 a-veces-playa-por-la-paseo

10 nunca-no-tomo-vino,-prefiero-cerveza

11 veo-la-televisión-noche-por-la-siempre

12 domingos-voy-los-campo-al

7 ¿Qué actividades haces tú? Completa las frases.

1 Todos los días
2 Los sábados
3 A veces
4 Una vez por semana
5 Casi nunca
6 Nunca

PRACTICA

8 Lee las declaraciones de estas personas sobre sus gustos y complétalas utilizando *me gusta* o *me gustan*.

1. «*Me gusta* el cine, sobre todo las películas de ciencia ficción, pero también veo comedias y películas de todo tipo».
2. «Me gusta la música: la música para escuchar y la música para bailar, la música romántica y la música disco, pero prefiero la romántica. .... los cantantes de tango y los de ópera. .... la música clásica y también la étnica».
3. «Libros, libros. .... leer y releer. .... las novelas y las biografías de personajes históricos. ¿Qué leo? Pues .... Isabel Allende. Pero también leo novelas de Milan Kundera, de Amin Maalouf, de Amélie Nothomb... Y de muchos más».
4. «Me gusta comer, dormir, bailar, hacer el amor y estar con mis amigos. También .... viajar, conocer otras culturas y hacer nuevos amigos».
5. «Me gusta la fotografía en color y en blanco y negro. También .... el arte, pero no el arte abstracto. Pero Picasso y Chillida ....».
6. «¿El fútbol? .... ver al Real Madrid y al Manchester. El Milan y la selección brasileña también .... Sobre todo, ... el buen fútbol».

9 a Lee y escucha estas palabras, extraídas del ejercicio anterior, e intenta separarlas por sílabas.

me • romántica • gusta • música • para • prefiero • los • escuchar • históricos y • pero • cantantes • de • personajes • tango • selección • ópera • abstracto brasileña • clásica • también • la • bailar • étnica • leo • culturas

Palabras con una sílaba ×	Palabras con dos sílabas × ×	Palabras con tres sílabas × × ×	Palabras con cuatro sílabas × × × ×
me	gus-ta	mú-si-ca	ro-mán-ti-ca

b Escucha y comprueba tus respuestas.

10 Ordena de más a menos.

Me gusta mucho • Me encanta • Me gusta bastante • No me gusta nada • No me gusta mucho

(+) ──────────────────── (-)

1 .... 2 .... 3 .... 4 .... 5 ....

11 Lee las siguientes frases y elige la expresión adecuada al contexto en cada caso.

1. Voy mucho al cine. *No me gusta mucho / Me gusta* bastante.
2. ¿Velázquez? *Me encanta / No me gusta nada*: es un pintor extraordinario.
3. Casi nunca hago fotos. *Me gusta mucho / No me gusta mucho* la fotografía.
4. *Me gusta bastante / No me gusta nada* el jazz. Prefiero la música pop.
5. Hago deporte casi todos los días. *Me gusta mucho / No me gusta nada*.
6. *No me gusta mucho / Me encanta* viajar por países exóticos, es mi pasión.

12 Completa las preguntas con el verbo *gustar* y responde con una de las siguientes opciones según tus gustos.

Sí, me encanta(n). • Sí, me gusta(n) mucho. • Sí, me gusta(n) bastante.
No, no me gusta(n) mucho. • No, no me gusta(n) nada.

1 ■ ¿Te .... ir al cine?
  • ....

2 ■ ¿Te .... las películas de terror?
  • ....

3 ■ ¿Te .... el teatro?
  • ....

4 ■ ¿Te .... los videojuegos?
  • ....

5 ■ ¿Te .... las comedias?
  • ....

6 ■ ¿Te .... el cine japonés?
  • ....

13 a 🔊 Mira estos tres anuncios. Después, escucha a Berta, Carla y Jacobo, y señala qué viaje de fin de semana prefiere cada uno.

Sol y playa Tenerife
Islas Canarias
Vuelo + hotel** 3 días / 2 noches
Salida: todos los viernes
desde **180 €** por persona

Fin de semana en Barcelona
¡¡¡OFERTA!!!
Vuelo + hotel****
399 € por persona
www.viajeselmundo.com

Touraventura
FIN DE SEMANA
Rafting-Kayak en Ribadesella (Asturias)
desde **283 €** por persona
¡¡Todo incluido!!
www.touraventura.com

	Conversación 1	Conversación 2	Conversación 3
Nombre de la persona:			
Prefiere el viaje a…:			

b 🔊 Escucha otra vez y señala qué actividades realizan Carla, Berta y Jacobo cuando están de viaje.

Carla	Berta	Jacobo
☐ nadar	☐ hacer deporte	☐ hacer la compra
☐ pasear por la playa	☐ jugar al baloncesto	☐ ir al teatro
☒ descansar	☐ ir de excursión	☐ comprar ropa en tiendas
☐ navegar	☐ hacer submarinismo	☐ ir a un concierto
☐ leer	☐ pescar	☐ visitar museos
☐ tomar un café	☐ hacer *rafting* y *kayak*	☐ ver monumentos
☐ ver la televisión	☐ nadar	☐ ir a un restaurante
☐ tomar el sol	☐ jugar al tenis	☐ ir a bailar

14 a) Escucha las frases y elige la respuesta adecuada (a o b) para cada una de ellas.

1. a) Nada especial. ¿Y tú?
   b) Yo salgo dos veces por semana.
2. a) No me gustan nada.
   b) Sí, me encanta.
3. a) ¡Ah, sí, estupendo!
   b) Me gusta el café.
4. a) Mejor sin alcohol.
   b) Prefiero cerveza.
5. a) Sí, me encanta escuchar.
   b) Sí, mucho, sobre todo los programas musicales.
6. a) Gracias, prefiero ir en coche.
   b) Vale, perfecto.
7. a) Sí, me encantan.
   b) No, tengo un perro.
8. a) ¿Yo? Jugar al tenis.
   b) Juego casi todos los fines de semana.
9. a) Sí, me gusta el mar.
   b) ¿Sí? Yo prefiero la montaña.
10. a) Prefiero un té, gracias.
    b) Un té, por favor.

b) Vuelve a escuchar y escribe las frases que oyes.

1. ....
2. ....
3. ....
4. ....
5. ....
6. ....
7. ....
8. ....
9. ....
10. ....

15 a) Lee estas frases, extraídas del ejercicio anterior, y escribe cuáles son los infinitivos de los verbos subrayados.

1. Prefiero cerveza. → *preferir*
2. Yo salgo dos veces por semana. → ....
3. ¿Quieres cerveza con alcohol o sin alcohol? → ....
4. No, tengo un perro. → ....
5. Oye, ¿qué haces luego? → ....
6. Juego casi todos los fines de semana. → ....

b) Ahora completa los verbos con las formas que faltan.

	jugar	hacer	tener	querer	salir	preferir
yo	juego		tengo		salgo	prefiero
tú		haces		quieres		
él/ella/usted						
nosotros/nosotras						
vosotros/vosotras						
ellos/ellas/ustedes						

16 ¿*Hacer* o *jugar al*? Escoge el verbo adecuado para cada actividad.

1. *hacer* kárate
2. .... deporte
3. .... póquer
4. .... tenis
5. .... submarinismo
6. .... fotos
7. .... golf
8. .... yoga
9. .... baloncesto

17 Completa estos mensajes de móvil con las letras y signos de puntuación
(¡! ¿?, .) que faltan.

1. ¿Cenamos en casa? Tengo espaguetis, ¿te gustan? Besos. J

2. Vale, en tu casa a las 10. Los espaguetis me gustan bastante, pero prefiero el caviar. ☺

3. ¡Caviar no tengo, y no me gusta nada! Pero no hacemos espaguetis si no quieres. ¡Ah! Mejor a las 9.30. ☺

AMPLÍA

18 🔊 Escucha de nuevo la grabación de la actividad 10 del libro de clase mientras lees la transcripción y escribe los puntos (. y :), comas (,) y mayúsculas (MAYÚSCULAS) que faltan.

La cultura de un país tiene relación con la situación económica y política. El ministerio español de cultura ha publicado una encuesta de hábitos culturales en España, un estudio sobre la cultura en la sociedad. Según este estudio, escuchar música es la actividad cultural favorita de los españoles: casi un 90 % lo hace. El cine es el espectáculo cultural preferido: más del 50 % de los encuestados ha ido al cine el último año.
Por otro lado, desde 1990 ha aumentado el público del teatro: un 30 % de los encuestados va al teatro a menudo.
A los españoles les gusta leer: casi un 30 % lee textos por placer, textos no relacionados con el trabajo.
Son muy importantes los medios de comunicación: el 90 % de los españoles escucha la radio y casi el 100 % ve la televisión. El tiempo dedicado a ver la tele es de casi tres horas diarias. Los informativos son los programas preferidos de los españoles, también les gustan las películas, los documentales y las series.

19 Escribe un texto sobre los hábitos culturales en tu país.

20 a Relaciona estos fragmentos de la cartelera de Madrid con los títulos correspondientes.

☐ Exposiciones   ☐ Cines   ☐ Teatros   ☐ Museos   ☐ Música   ☐ Conferencias

1

MUSEO DEL PRADO
Ribera. Maestro del dibujo
Recorrido por los dibujos realizados por el gran pintor español (22 nov-19 feb).

MUSEO THYSSEN-BORNEMISZA
Renoir. Intimidad
Gran retrospectiva sobre el artista impresionista con obras nunca vistas en nuestro país (hasta el 22 enero).

2

JAZZMADRID. Festival Internacional de Jazz de Madrid
Calle Conde Duque, 11, Madrid

El Festival Internacional de Jazz de Madrid, JAZZMADRID, se celebra entre el 25 de octubre y el 30 de noviembre contando con la presencia de grandes artistas de este género musical.

3

Edificios sostenibles: nueva construcción
La Casa Encendida, 16 de noviembre (19:30 h)
El segundo de los Cafés Scientifiques sobre "Edificaciones" va a tratar de la legislación sobre construcción, que cada vez es más exigente con la aplicación de medidas encaminadas a la sostenibilidad.

Escondido en tus genes
Centro Cultural Eduardo Úrculo, 24 de noviembre (19:00 h)
¿Qué es lo que hacen? ¿Por qué hay virus integrados en el genoma de estas especies? ¿Qué aportan a la especie? Son preguntas que se hacen los virólogos y biólogos moleculares y que vamos a tratar en esta interesante conferencia.

4

El perro del hortelano, en Teatro de la Comedia
Fechas: desde 19/10/2016 hasta 22/12/2016
Considerada una de las obras teatrales más importantes de la literatura española, *El perro del hortelano* vuelve a los escenarios de la mano de Compañía Nacional de Teatro Clásico.

Burundanga, en Teatro Lara
Fechas: desde 28/11/2012
Es el nuevo texto de Jordi Galcerán, una comedia inquietante y divertida del autor de *El método Grönholm* y *Fuga*. La obra nos habla de una joven pareja de enamorados y lo hace con la mejor de las fórmulas: intriga, ironía y humor.

6

CINE CAPITOL
Calle Gran Vía, 41 Madrid

Inferno	18:15	21:30		
La chica del tren	17:30	20:45	22:30	
Yo, Daniel Blake	17:15	19:30	21:20	23:00
El contable	19:00	21:30	22:55	
Un monstruo viene a verme	17:20	19:35	21:45	23:15
La próxima piel	19:00	20:35	22:20	
Dr. Strange	17:35	20:15	22:45	
Mascotas	18:00	19:45	21:00	
Mechanic: Resurrection	18:45	21:00		
Snowden	17:00	19:35	21:00	22:35
Tarde para la ira	18:00	20:45	22:15	

5

Tony Catany. Cuando ir era volver
Primera gran retrospectiva sobre el trabajo del reconocido fotógrafo español (Sala Canal de Isabel II. 16 nov-15 ene).

El Capitán Trueno. Tras los pasos del héroe
Los encuentros del famoso cómic español con la literatura, arquitectura y técnica (Círculo de Bellas Artes. Hasta 21 ene).

b ¿Cuáles de las actividades anteriores te gustan hacer a ti? Coméntalo con tu compañero.

21 ¿Qué actividades haces fuera de clase para mejorar tu español?

1 ☐ Ver series de televisión en español.
2 ☐ Ver películas en versión original con subtítulos.
3 ☐ Escuchar canciones en español.
4 ☐ Leer lecturas graduadas.
5 ☐ Leer las noticias en periódicos en español.
6 ☐ Buscar palabras en un diccionario.
7 ☐ Hacer ejercicios en internet.
8 ☐ Seguir en Twitter a gente que habla español.
9 ☐ Chatear con gente que habla español.
10 ☐ Hablar con amigos en español.

ALGO MÁS

22 Los pronombres interrogativos en las preguntas siempre se acentúan. Escribe los acentos que faltan en las palabras subrayadas.

1. ¿Qué haces los fines de semana?
2. ¿Cuántos años tienes?
3. ¿Cuál es tu número de teléfono?
4. ¿De dónde eres?
5. ¿Qué idiomas hablas?
6. ¿Cómo te llamas?
7. ¿Quiénes son estas chicas?
8. ¿A qué te dedicas?

23 A diferencia de otros idiomas, algunas palabras en español se escriben en minúscula como los días de la semana, los meses, las nacionalidades o los idiomas. Subraya las palabras que están en mayúscula y deben ir en minúscula.

1. Hola. Me llamo Tom y soy Holandés, de Utrecht. Mi cumpleaños es el 3 de Marzo.

2. El día 6 de Junio tenemos un examen y tengo que estudiar… ¡pero en Julio tengo vacaciones!

3. Me llamo Paola y soy Italiana. Mi padre es Alemán y mi madre Rumana.

4. Hola. Soy John, ¿quieres ir al cine conmigo el Viernes? ¿O prefieres ir al teatro el Sábado?

5. ¡Hola! Soy Shaila y soy Paquistaní. Hablo Urdu, Inglés y Español.

6. El Lunes quiero ir de compras con mi amiga Carla.

5 CALLE MAYOR

OBSERVA

1 **a** Ana está de vacaciones y le escribe este correo electrónico a su amigo Miguel. Completa los huecos con *es*, *está* y *tiene*.

Hola Miguel, ¿qué tal?

¡Te escribo desde Guatemala! Estoy aquí de vacaciones. Ahora mismo estamos en Antigua. [1] .... una ciudad muy bonita y muy interesante, con mucha historia. [2] .... una ciudad colonial, [3] .... muchos edificios del siglo XVI. El ayuntamiento [4] .... en la plaza Mayor y muy cerca [5] .... la catedral. Antigua [6] .... muchas iglesias y conventos, pero también buenos hoteles, restaurantes y tiendas de artesanía. ¡Ah! Y muchas escuelas de español, mucha gente viene aquí para estudiar español. Antigua [7] .... en el sur, en el interior del país. Mañana vamos al norte para ver las pirámides mayas de Tikal.

¡Hasta pronto! Un beso,

Ana

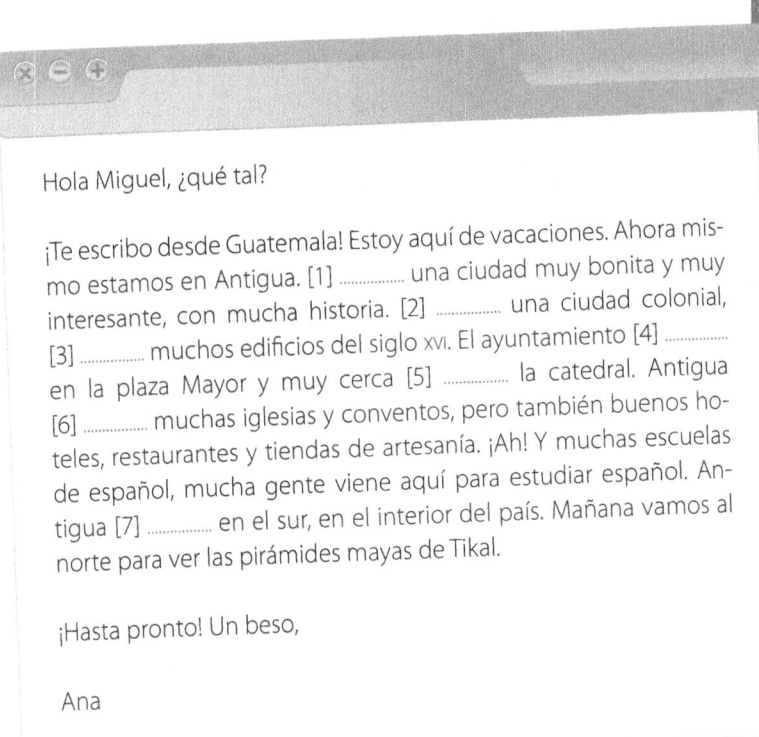

Arco de Santa Catalina

b Imagina que estás de vacaciones en otra ciudad. Escribe en tu cuaderno un correo electrónico como el anterior a un amigo.

2 ¿Cómo es tu ciudad? Subraya las opciones o escribe otras.

1. Es pequeña/grande/...............
2. Es antigua/moderna/...............
3. Es bonita/fea/...............
4. Es turística/industrial/...............
5. Está en la costa/en el interior/...............
6. Está en Europa/América/África/Asia/Oceanía/...............
7. Tiene un río/un puerto/un museo famoso/una universidad/un palacio/una playa/...............

3 ¿En qué lugares podemos hacer estas actividades?

hospital • aparcamiento • gasolinera • parque • oficina de turismo • cine • museo • colegio • gimnasio • tienda

1. Ver una película. ....
2. Comprar ropa. ....
3. Ir al médico. ....
4. Aparcar el coche. ....
5. Poner gasolina. ....
6. Informarse. ....
7. Estudiar. ....
8. Hacer ejercicio físico. ....
9. Ver objetos artísticos. ....
10. Pasear. ....

4 Completa las descripciones de las ciudades con *muy, mucho, mucha, muchos, muchas*.

Buenos Aires

1. Buenos Aires es .... grande. Tiene .... teatros y es .... bonita. Tiene .... hoteles y .... vida cultural.

Ciudad de México

2. Ciudad de México está en el interior del país y es una ciudad .... grande y con .... tráfico. Tiene .... museos, teatros y .... vida nocturna.

Granada

3. Granada es una ciudad .... pequeña y .... bonita. Tiene un monumento que se llama La Alhambra, es un palacio árabe .... famoso. Tiene .... turistas todo el año.

La Habana

4. La Habana es una ciudad .... antigua en la costa de Cuba. Tiene un paseo marítimo famoso: el Malecón, donde .... gente de la ciudad pasa su tiempo libre. Tiene .... calles de estilo colonial.

5

a ¿Cómo es tu barrio? Completa las frases (si eliges la primera opción) con *mucho, mucha, muchos, muchas, bastante, bastantes, poco, poca, pocos, pocas*.

MI BARRIO

1. ☐ Tiene _____ vida cultural.
   ☐ No tiene vida cultural.
2. ☐ Tiene _____ vida nocturna.
   ☐ No tiene vida nocturna.
3. ☐ Tiene _____ museos.
   ☐ No tiene museos.
4. ☐ Tiene _____ bares y restaurantes.
   ☐ No tiene bares ni restaurantes.
5. ☐ Tiene _____ tráfico.
   ☐ No tiene tráfico.
6. ☐ Tiene _____ tiendas.
   ☐ No tiene tiendas.

b ¿Qué otras cosas tiene tu barrio? Escribe en tu cuaderno frases con *mucho, mucha, muchos, muchas, bastante, bastantes, poco, poca, pocos, pocas*.

6

a Observa esta conversación entre Jordi y una amiga. Relaciona las intervenciones de las dos columnas para reconstruir el diálogo.

1. Oye, Jordi, tú eres de Barcelona, ¿verdad?
2. No, no la conozco pero dicen que es una ciudad preciosa.
3. Es bastante grande, ¿no? ¿Cuántos habitantes tiene?
4. ¿Y cómo es?
5. Y, por ejemplo, un fin de semana, ¿qué se puede hacer en Barcelona?
6. Y también visitar museos y monumentos, ¿no?
7. ¡Qué interesante! Oye, ¿y qué tal el transporte? ¿Está bien comunicada?

a. Sí, es muy bonita.
b. Sí, claro: el museo Picasso, el parque Güell, la Sagrada Familia… Barcelona es famosa por la arquitectura de Gaudí.
c. Huy, muchas cosas: pasear por las Ramblas, comer en los restaurantes del puerto, ir de compras, ir a la ópera, a los parques, a la playa…
d. Sí, ¿la conoces?
e. Pues es una ciudad antigua y muy moderna al mismo tiempo. Tiene zonas muy diferentes como el barrio Gótico, el Ensanche, la zona olímpica, el puerto…
f. Sí, sí. Tiene una buena red de metro, trenes, autobuses… Y un aeropuerto, el aeropuerto del Prat, que está a unos 15 kilómetros.
g. Pues no sé exactamente… Un millón seiscientos mil, más o menos.

b Escucha el diálogo completo y comprueba tus respuestas.

7 Observa la imagen y completa las frases.

a la derecha • a la izquierda • enfrente • al final • entre

1. La comisaría está _____ del museo.
2. El banco está _____ del parque.
3. El hotel está _____ de la oficina de turismo.
4. El aparcamiento está _____ de la calle.
5. El banco está _____ la comisaría y el parque.

PRACTICA

8 a Completa las preguntas con *hay* o *está*. Luego, busca las respuestas correspondientes con la ayuda del siguiente plano.

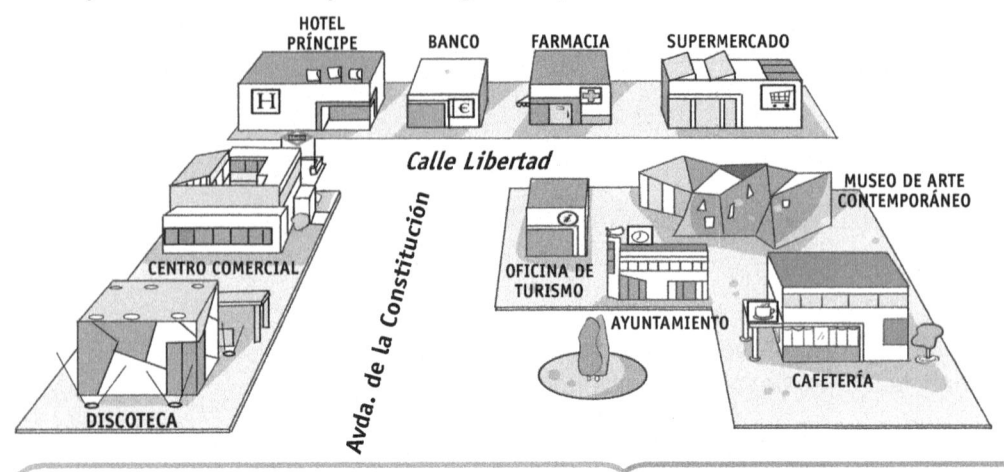

1 Perdone, ¿dónde .... una discoteca?
2 Perdone, ¿.......... lejos el ayuntamiento?
3 Perdone, ¿.......... una estación de metro por aquí?
4 Perdone, ¿sabe dónde .... el hotel Príncipe?
5 Perdone, ¿.......... un banco por aquí cerca?
6 Perdone, ¿el Museo de Arte Contemporáneo .... cerca de aquí?
7 Perdone, ¿dónde .... la oficina de turismo?
8 Perdone, ¿sabe dónde .... un supermercado?

a Sí, hay uno al final de la avenida.
b Sí, está en la calle Libertad, al lado de la oficina de turismo.
c No, no, está muy cerca, en la plaza Nueva.
d Sí, en la calle Libertad, a la izquierda del banco.
e En la avenida de la Constitución, enfrente del centro comercial.
f Aquí mismo, en la avenida de la Constitución, al lado del centro comercial.
g Sí, hay uno en la calle Libertad, a la derecha de la farmacia.
h Sí, enfrente del hotel Príncipe.

b Escucha los diálogos y comprueba tus respuestas.

9 a Completa los cuadros con las palabras *hay*, *está* o *están*.

Para presentar o informar de la existencia de algo (personas, cosas, lugares...)			
En mi ciudad	(1)	una discoteca/un parque mucho ambiente	singular
		lugares tranquilos	plural

Para localizar personas, cosas o lugares concretos, conocidos en ese contexto			
¿Dónde	(2)	el ayuntamiento?	singular
	(3)	los policías?	plural

b Elige la respuesta correcta.

1 El Monasterio de las Descalzas Reales *hay / está* en la plaza de las Descalzas.
2 Por favor, ¿dónde *hay / está* el Congreso de los Diputados?
3 En la plaza de Santo Domingo *hay / está* un hotel.
4 ¿*Hay / Está* una estación de metro cerca de la catedral de San Isidro?
5 En la Puerta del Sol no *hay / están* jardines.
6 Los jardines de Cabo Noval *hay / están* cerca de los jardines de Sabatini.

10 **ⓐ** Observa esta tabla de distancias entre ciudades españolas y escribe a qué distancia están las siguientes ciudades.

	Alicante	Ávila	Cádiz	Córdoba	Girona	Madrid	Toledo	Sevilla
Ávila	523							
Cádiz	774	646						
Córdoba	524	451	252					
Girona	622	836	1237	985				
Madrid	412	111	654	402	725			
Toledo	403	136	645	315	798	70		
Sevilla	612	497	149	140	1125	542	455	
Valencia	166	461	781	529	456	350	379	669

1 Sevilla – Cádiz: *Sevilla está a ciento cuarenta y nueve kilómetros de Cádiz.*
2 Girona – Córdoba: ....
3 Ávila – Alicante: ....
4 Valencia – Toledo: ....
5 Madrid – Girona: ....
6 Toledo – Alicante: ....

ⓑ Usa ahora los elementos de los cuadros para referirte a la distancia entre las ciudades. Mira la tabla de distancias anterior.

Sevilla / Girona / Toledo / Valencia	está	muy lejos / muy cerca / bastante lejos / bastante cerca	de Córdoba / de Cádiz / de Madrid / de Ávila

1 Sevilla – Córdoba: *Sevilla está bastante cerca de Córdoba (a 140 km).*
2 Girona – Cádiz: ....
3 Toledo – Madrid: ....
4 Valencia – Madrid: ....
5 Toledo – Ávila: ....

11 🔊 Vas a oír el concurso «Ciudades de Latinoamérica». Escucha las respuestas de la concursante y señala el número de habitantes.

San José
☐ 357 900   ☐ 357 600

Tegucigalpa
☐ 1 186 400   ☐ 1 126 400

La Paz
☐ 1 570 800   ☐ 1 517 800

San Salvador
☐ 496 000   ☐ 460 000

Montevideo
☐ 1 449 700   ☐ 1 449 900

Caracas
☐ 1 763 100   ☐ 1 660 100

12

a Completa los números de esta lista de datos con las cifras siguientes.

> 450 500 • 124 • 105 • 3 560 • 708
> 86 900 • 210 • 340 • 12 600 • 2 800

LA CIUDAD TIENE...

- (Ciento cinco) 105 museos.
- 27 parques.
- (Doscientas diez) 210 líneas de autobuses.
- (Dos mil ochocientos) 2 800 hoteles y hostales.
- 68 comisarías de policía.
- (Trescientos cuarenta) 340 monumentos.
- (Ciento veinticuatro) 124 estaciones de metro.
- 12 hospitales.
- (Setecientas ocho) 708 plazas.
- (Doce mil seiscientos) 12 600 taxis.
- (Tres mil quinientos sesenta) 3 560 bares y restaurantes.
- (Ochenta y seis mil novecientas) 86 900 motos.
- (Cuatrocientos cincuenta mil quinientos) 450 500 coches.
- 42 aparcamientos públicos.

b Ahora completa estas tablas.

100	cien
101	ciento uno
105	ciento cinco
200	doscientos/-as
300	
400	cuatrocientos/-as
500	
600	seiscientos/-as

700	
800	ochocientos/-as
900	
1000	mil
1020	mil veinte
2000	
10 000	diez mil
100 000	

c ¿Qué adjetivo relacionas con las características de la ciudad de 12 **a**?

agradable • tranquila • segura • animada • interesante
ruidosa • artística • turística • cómoda • moderna

Tiene 105 museos y 340 monumentos: creo que es una ciudad interesante.

13 Contesta a estas preguntas con la hora correspondiente.

- Perdone, ¿a qué hora sale el autobús a Soria?
- [13:15] *A la una y cuarto.*

- Oye, ¿qué hora es?
- [18:25]

- ¿Sabes a qué hora es el concierto?
- [21:45] Sí,

- Perdone, ¿a qué hora cierra el museo?
- [19:20]

- Oye, ¿a qué hora abren las tiendas por la tarde?
- [16:30]

- Perdona, ¿tienes hora?
- [12:55] Sí,

- Entonces, ¿cómo quedamos?
- [19:50] Pues… ¿ en la puerta del cine?

14

a Quieres quedar con unos amigos. Usa la información de la tabla para completar los diálogos.

	Actividad	Dónde	Cuándo
1	Ir al fútbol el domingo	En el estadio	A las 18:30
2	Jugar al tenis mañana	En las pistas de tenis	A las 12:30
3	Comer juntas el lunes	En el restaurante	A las 14:00
4	Tomar un café el viernes	En la cafetería de siempre	Después de la clase

1 ■ *¿Vamos al fútbol el domingo?*
 ● Sí, venga.
 ■ *¿Quedamos a las 18:30 en el estadio?*
 ● Vale, de acuerdo.

2 ■ ¿..?
 ● Sí, buena idea.
 ■ ¿..?
 ● Sí, perfecto, ¿a qué hora?
 ■ ....
 ● De acuerdo.

3 ■ ¿..?
 ● ¿El lunes? Vale.
 ■ ¿..?
 ● Pues… ¿En el restaurante, a las 14:00?
 ■ Por mí, bien.

4 ■ ¿..?
 ● Vale, ¿dónde quedamos?
 ■ ¿..?
 ● Sí, venga, ¿a qué hora?
 ■ Pues… ....
 ● De acuerdo.

b 🔊 Escucha los diálogos y comprueba tus respuestas.

15

a Completa el correo electrónico.

Un abrazo ● Juan Antonio Martínez ● ¡Hola, María! ● Visita a mi ciudad ● ¿Qué tal estás?

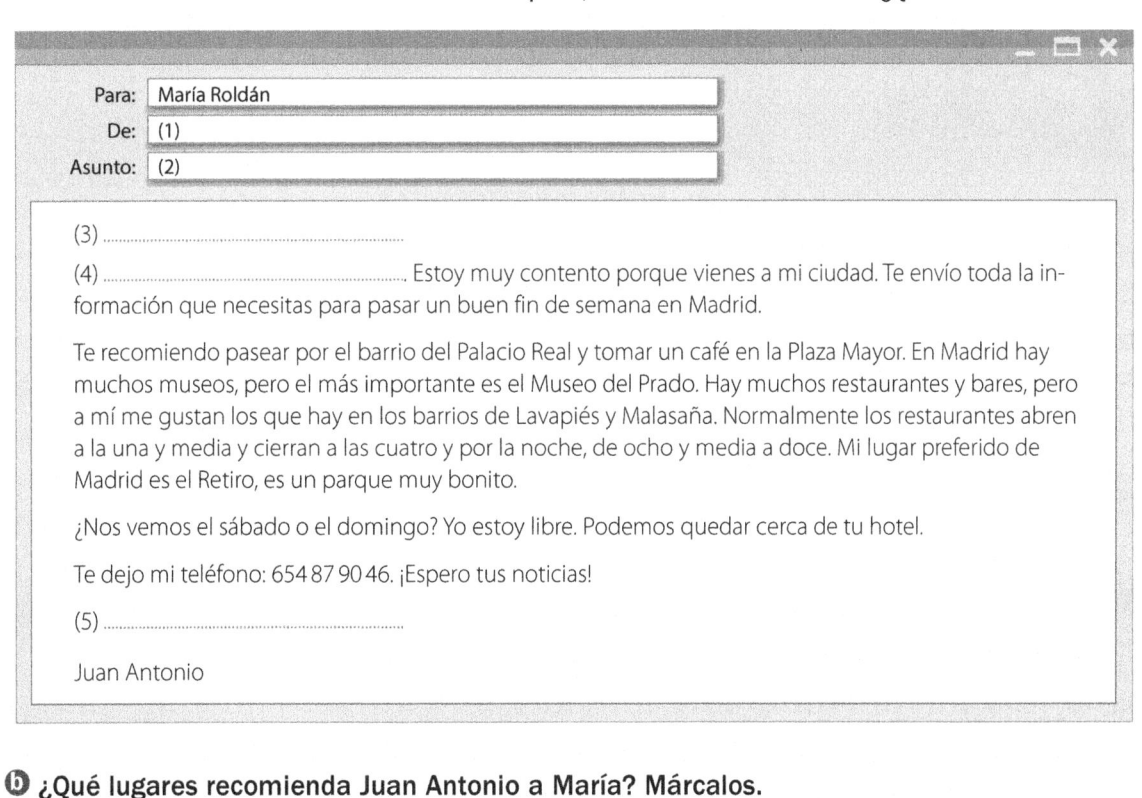

Para: María Roldán
De: (1)
Asunto: (2)

(3) ....
(4) .... Estoy muy contento porque vienes a mi ciudad. Te envío toda la información que necesitas para pasar un buen fin de semana en Madrid.

Te recomiendo pasear por el barrio del Palacio Real y tomar un café en la Plaza Mayor. En Madrid hay muchos museos, pero el más importante es el Museo del Prado. Hay muchos restaurantes y bares, pero a mí me gustan los que hay en los barrios de Lavapiés y Malasaña. Normalmente los restaurantes abren a la una y media y cierran a las cuatro y por la noche, de ocho y media a doce. Mi lugar preferido de Madrid es el Retiro, es un parque muy bonito.

¿Nos vemos el sábado o el domingo? Yo estoy libre. Podemos quedar cerca de tu hotel.

Te dejo mi teléfono: 654 87 90 46. ¡Espero tus noticias!

(5) ....

Juan Antonio

b ¿Qué lugares recomienda Juan Antonio a María? Márcalos.

☐ una librería ☐ un museo ☐ un parque ☐ una plaza
☐ una calle ☐ un centro comercial ☐ un barrio ☐ un teatro

AMPLÍA

16 🔊 Escucha esta conversación y sitúa las Comunidades Autónomas y las ciudades que oigas en el mapa.

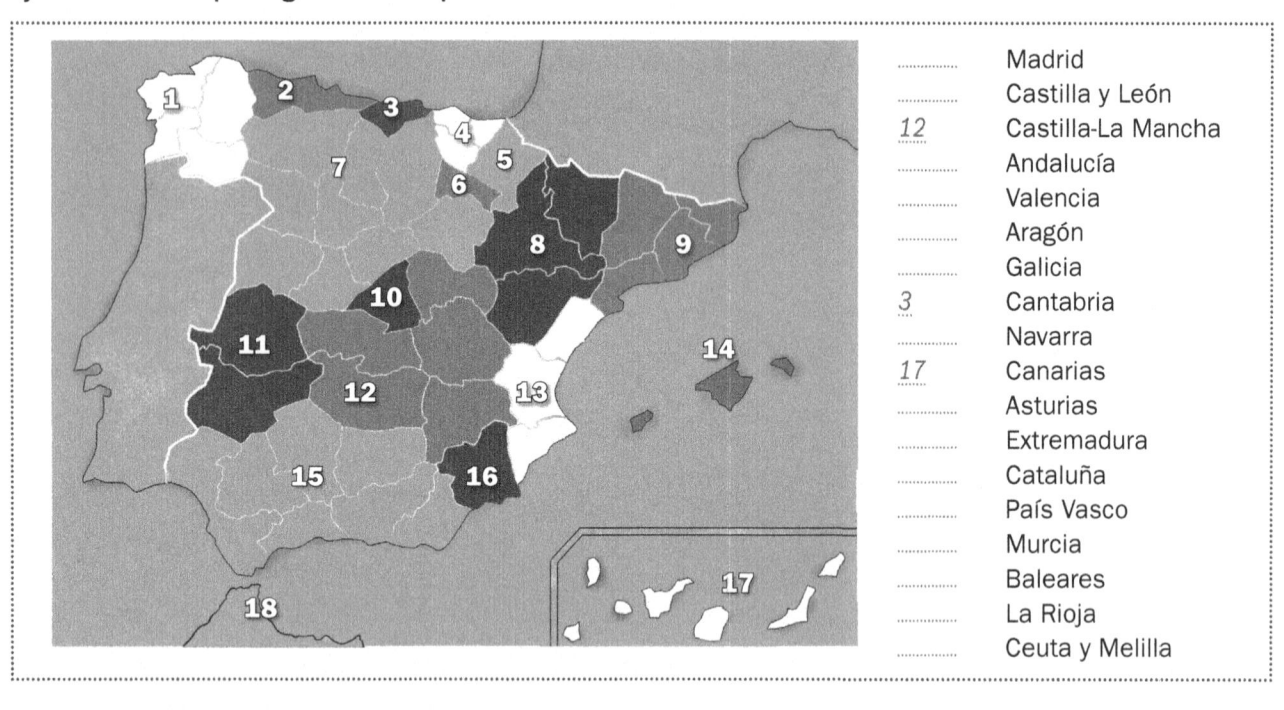

....	Madrid
....	Castilla y León
12	Castilla-La Mancha
....	Andalucía
....	Valencia
....	Aragón
....	Galicia
3	Cantabria
....	Navarra
17	Canarias
....	Asturias
....	Extremadura
....	Cataluña
....	País Vasco
....	Murcia
....	Baleares
....	La Rioja
....	Ceuta y Melilla

17 Mira los dibujos y relaciona las dos columnas.

1. Para preguntar a una persona desconocida, decimos...
2. Para preguntar a un amigo o compañero, decimos...
3. Si estamos seguros de que la otra persona sabe la hora, preguntamos...
4. Si no estamos seguros, preguntamos...

a ¿Qué hora es?
b ¿Tiene/Tienes hora?
c Perdona...
d Perdone...

18 Completa los diálogos.

por favor • De nada • Lo siento • Oiga • claro • Muchas gracias

1. ■ Perdone, ¿me puede decir la hora?
   • Sí, ..., son las seis menos veinte.
   ■ Muchas gracias.
   • ....

2. ■ ¡....................! Su pasaporte...
   • ¡Madre mía! ¡Muchísimas gracias!

3. ■ ¡Llegas muy tarde!
   • ...., el metro no funciona.
   ■ ¿Sabes qué hora es? ¡Son las cinco!
   • ¡Perdón!

4. ■ Un billete de ida y vuelta a Salamanca, ...
   • Aquí tiene sus billetes...
   ■ ....

ALGO MÁS

19 a) Observa estas tarjetas de visita, ¿qué significan las abreviaturas? Subráyalas y compara con tu compañero.

1
ALFREDO GARCÍA MELCHOR
C/ Serrano n.º 3, 1.er, 2.ª dcha.
28072 Madrid
Tel. 913567892
agarvar@elemail.es

2
Luz Carmona Arce
ARQUITECTA
Avda. Meridiana n.º 83, 2.º 3.ª
08012 Barcelona · Tel. 664678293
www.luzcarmonaarce.es

ABREVIATURAS

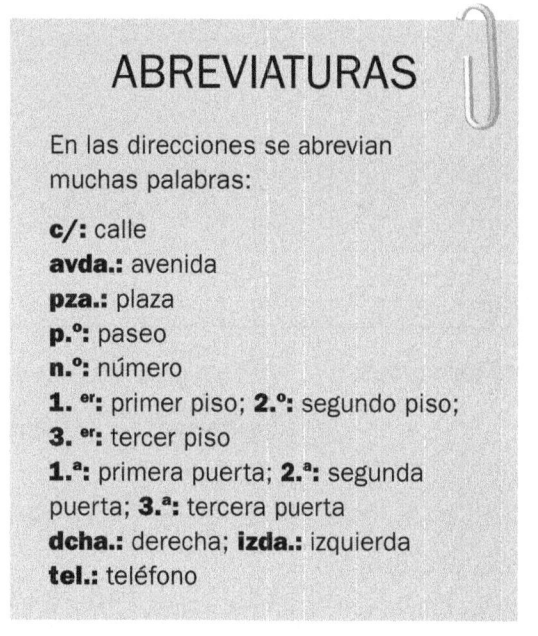

En las direcciones se abrevian muchas palabras:

c/: calle
avda.: avenida
pza.: plaza
p.º: paseo
n.º: número
1.er: primer piso; **2.º:** segundo piso;
3.er: tercer piso
1.ª: primera puerta; **2.ª:** segunda puerta; **3.ª:** tercera puerta
dcha.: derecha; **izda.:** izquierda
tel.: teléfono

b) Escribe las siguientes direcciones. Utiliza las abreviaturas.

1 Paseo de Unamuno, número 37, tercer piso, tercera puerta

2 Avenida Diagonal, número 165, primer piso, puerta segunda.

3 Plaza del Comercio, número 2, tercer piso, puerta segunda derecha

4 Calle Providencia, número 26, primer piso, puerta primera izquierda

20 🔊 Escucha estos diálogos y completa las direcciones. Utiliza las abreviaturas.

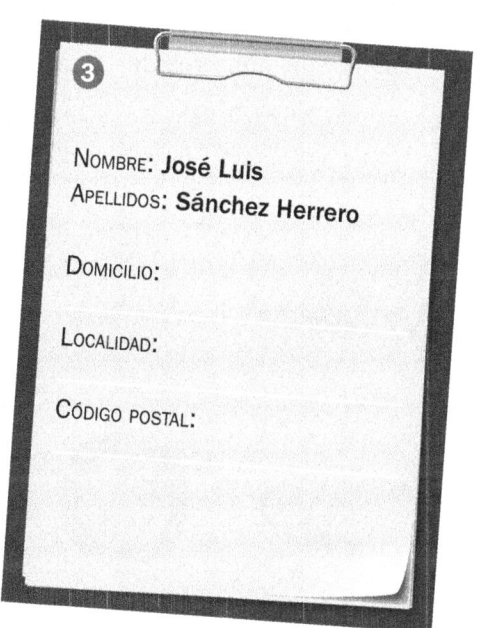

1
CERTIFICADO
ARTURO VARELA REY
.... de la Herradura,
.... 40
15011 La Coruña

2
Eva Campos López
.... Alcalá, ... 27
03005 ....

3
NOMBRE: **José Luis**
APELLIDOS: **Sánchez Herrero**
DOMICILIO:
LOCALIDAD:
CÓDIGO POSTAL:

4
Oficina del Parlamento Europeo

6 EL MENÚ DEL DÍA

OBSERVA

1 Completa los verbos.

	desayunar	comer	merendar	cenar
yo	desayuno			
tú		comes		cenas
él/ella/usted			merienda	
nosotros/nosotras	desayunamos			
vosotros/vosotras			merendáis	
ellos/ellas/ustedes		comen		cenan

2 Completa las frases con los verbos anteriores.

1. ¿Vosotros qué .... por la noche?
2. Mis padres siempre .... a las ocho de la mañana.
3. ■ ¿A qué hora .... tú?
   ● A las dos del mediodía.
4. Yo cuando salgo de clase a las cinco y media siempre .... un bocadillo o una fruta.
5. Nosotros nunca .... por la noche. Normalmente .... algo a las seis de la tarde.
6. A mediodía mi profesora siempre .... en la cafetería de la escuela.

3 Escribe los nombres de estas comidas.

una tortilla de patatas • un bocadillo • una ensalada • una sopa • un yogur • unos calamares • una tarta
una hamburguesa • un plato combinado • una paella • unas patatas fritas • unos huevos

1  .... 2  .... 3  .... 4  .... 5  .... 6 ....

7  .... 8  .... 9  .... 10  .... 11  .... 12 ....

50 cincuenta

4 Escribe qué llevan los siguientes platos.

aceite • azúcar • pescado • leche • carne • huevos • queso • verduras • legumbres • fruta • arroz • pan • pasta

1 La paella lleva

2 Los espaguetis llevan

3 El *sushi* lleva

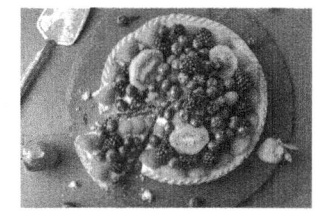

4 El pastel lleva

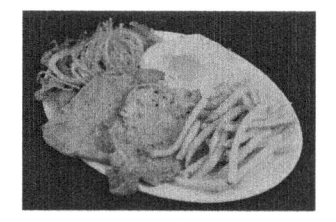

5 El plato combinado lleva

6 El helado lleva

5 Completa las columnas.

con gas • con leche • con azúcar • blanco • sin azúcar • rosado • tinto • sin gas

café/té	agua	vino

6 🔊 Escucha estas conversaciones y señala la respuesta correcta.

1 ¿Qué toma para desayunar?
  a ☐ Pan con queso, café solo y zumo de fruta.
  b ☐ Pan con queso, café y zumo de naranja.
  c ☐ Bocadillo de queso, café con leche o té y zumo de naranja.

2 ¿Qué toman de merienda?
  a ☐ Un vaso de leche y un bocadillo.
  b ☐ Fruta, un bocadillo y, a veces, un yogur.
  c ☐ Fruta, chocolate y un bocadillo.

3 ¿Qué bebe con la comida?
  a ☐ Agua sin gas o vino tinto.
  b ☐ Cerveza o agua con gas.
  c ☐ Vino blanco o tinto y agua mineral.

4 ¿Qué cena?
  a ☐ Ensalada y pescado o tortilla.
  b ☐ Sopa o ensalada y tortilla.
  c ☐ Sopa de pescado y huevos o tortilla.

7 ¿Te gusta cocinar? ¿Cuántos platos puedes imaginar con estos elementos? Con tu compañero, relacionad las dos columnas y escribid una lista. Luego comparad las listas de toda la clase.

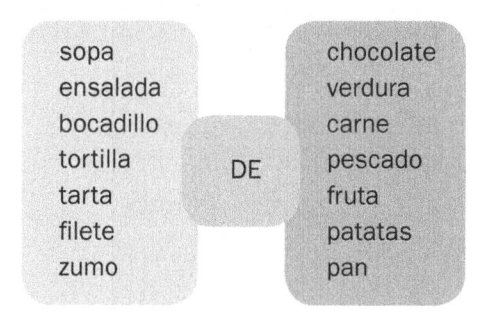

sopa
ensalada
bocadillo
tortilla
tarta
filete
zumo

DE

chocolate
verdura
carne
pescado
fruta
patatas
pan

8 Observa estas frases y corrige los errores.

1. A mí no gusta nada comer fuera de casa.
2. ¿Te gusta los bocadillos de queso?
3. Me encanta paella.
4. Me gusto bastante las albóndigas.
5. A mí prefiero el pescado, me gusta más.
6. Mí no gusta mucho la cerveza.
7. ¿Te gusta tortilla de patatas?
8. Me encanta desayuno huevos con jamón.
9. Mí me gusta mucho la sopa.
10. Me gusta bastante pollo con arroz.
11. ¿Normalmente, qué preferes, té o café?
12. Me encanta las tartas de chocolate.

PRACTICA

9 Relaciona.

1 comida	a combinado
2 menú	b en casa
3 comer	c rápida
4 plato	d a la plancha
5 pescado	e con leche
6 café	f a la romana
7 calamares	g de patatas
8 tortilla	h del día

10 ¿*Tú o usted*? Di qué forma te parece mejor en estas situaciones.

1. Llegas a un hotel de cuatro estrellas, quieres saber si hay habitación. Hablas con el recepcionista.
   ☐ Tú   ☐ Usted

2. Estás en tu país. Le escribes un correo electrónico a una amiga española.
   ☐ Tú   ☐ Usted

3. Es tu primer día de trabajo en España en una empresa tradicional. Te presentan al director.
   ☐ Tú   ☐ Usted

4. Un amigo español te invita a una comida familiar. Hablas con su abuela.
   ☐ Tú   ☐ Usted

5. Estás en tu bar favorito. Llamas a Miguel, el camarero, un chico joven muy simpático.
   ☐ Tú   ☐ Usted

6. Estás en la oficina española de tu empresa. Tomas un café y hablas con un compañero de trabajo.
   ☐ Tú   ☐ Usted

7. Tienes un apartamento en la Costa del Sol. Saludas a un vecino nuevo, un señor mayor.
   ☐ Tú   ☐ Usted

8. Una amiga te presenta a su hijo pequeño. Hablas un rato con él.
   ☐ Tú   ☐ Usted

9. Estás haciendo un curso en Madrid. Hablas con una compañera de clase de tu edad.
   ☐ Tú   ☐ Usted

10. Estás en la calle. Le preguntas la hora a una señora mayor.
    ☐ Tú   ☐ Usted

11 Fíjate en estas frases y ponlas en plural *(tú > vosotros)*.

1. ¿Y tú, qué haces? ¿A qué te dedicas? → ¿Y vosotros, qué _____? ¿A qué _____?
2. Tú no eres de aquí, ¿no? ¿Cómo te llamas? → Vosotros no _____ de aquí, ¿no? ¿Cómo _____?
3. ¿Vienes a la fiesta? Es mi cumpleaños. → ¿_____ a la fiesta? Es mi cumpleaños.
4. ¿Qué prefieres, vino o cerveza? → ¿Qué _____, vino o cerveza?
5. Y en vacaciones, ¿vas mucho a la playa? → Y en vacaciones, ¿_____ mucho a la playa?
6. Tú no estás casado, ¿verdad? → Vosotros no _____ casados, ¿verdad?

12 Pon estas frases en plural, pero cambiándolas ahora de *usted* a *ustedes*.

1. Y usted, ¿de dónde es?
   → Y ustedes, ¿de dónde _____?
2. Así que no conoce al señor Domínguez… Si quiere, se lo presento.
   → Así que no _____ al señor Domínguez… Si _____, se lo presento.
3. Entonces, ¿es usted abuelo? ¿Cuántos nietos tiene?
   → Entonces, ¿_____ ustedes abuelos? ¿Cuántos nietos _____?
4. ¿Qué va a tomar de postre?
   → ¿Qué _____ a tomar de postre?
5. Perdone, ¿sabe dónde está la calle Rosalía?
   → Perdonen, ¿_____ dónde está la calle Rosalía?
6. Lo siento, no puede usar el ascensor… No funciona.
   → Lo siento, no _____ el ascensor. No funciona.

13 **a** Lee las preguntas de este cuestionario sobre hábitos alimenticios.

Cuestionario A327: Hábitos alimenticios de los jóvenes españoles

Edad: ☐ 15-20 años   ☐ 21-25 años   ☒ 26-30 años

Contesta a las siguientes preguntas:

1. ¿Qué desayunas durante la semana? _____
2. ¿Dónde comes normalmente? _____
3. ¿Comes siempre a la misma hora? _____
4. ¿Tomas café después de comer? _____
5. ¿A qué hora cenas? _____
6. ¿Te gusta cenar fuera? _____
7. En general, ¿crees que comes bien? _____

b Relaciona estas respuestas con las preguntas del cuestionario anterior.

a. A las nueve y media o diez. _____
b. A veces sí, un cortado o un café solo. _____
c. Cerca del trabajo, en algún bar o restaurante. _____
d. Café con leche y pan con mantequilla o galletas. _____
e. Sí, más o menos. Aunque no tomo muchas verduras. _____
f. Sí, tengo una hora para comer, de dos a tres. _____
g. Sí, claro, con los amigos… Los fines de semana. _____

14 Ordena las palabras para formar frases.

1 de-veces-tomo-aperitivo-un-antes-a-comer

2 mi-roja-nunca-come-hermana-carne

3 nosotros-huevos-tomamos-tres-a-la-semana-veces

4 abuelo-siempre-toma-sal-sin-la-mi-comida

5 todos-hijos-toman-fruta-casi-los-mis-días

6 veces-tomamos-a-un-bar-caliente-en-un-chocolate

7 amigos-siempre-mis-cerveza-beben-alcohol-sin

8 madre-mi-toma-los-verduras-de-sopa-todos-días

9 familia-cenamos-en-mi-pescado-al-mes-veces-tres-o-cuatro

10 nunca-queso-tomo-de-hamburguesas

15 Si vamos a un restaurante en España, ¿en qué orden tomamos normalmente estas comidas?

Fruta

Sopa

Filete de pollo

Ensalada

Pescado a la plancha

Tarta

De primero	
De segundo	
De postre	

16 Luisa y Pablo están en un bar. Escucha la conversación con la camarera y señala cuál es su mesa.

Mesa 1 ☐	Mesa 2 ☐	Mesa 3 ☐
1 agua con gas	1 agua con gas	1 agua sin gas
1 zumo de naranja	1 zumo de naranja	1 refresco de naranja
1 tapa de ensaladilla	2 tapas de tortilla	1 tapa de ensaladilla
1 tapa de tortilla	1 cerveza	2 cervezas
1 cerveza		

17 Piensa en tu dieta actual. ¿Tienes que cambiar algunos hábitos? ¿Cuáles? Relaciona los elementos de las cajas.

Tengo que tomar — más / menos — agua, leche, carne, fruta, chocolate, huevos, patatas, pescado, verduras, pan

18 Lee las costumbres de Esperanza, una estudiante universitaria de 20 años. ¿Qué hábitos tiene que cambiar? Escribe frases, como en los ejemplos.

1 Duerme solamente seis horas. — *Tiene que dormir más.*
2 Sale por la noche casi todos los días. — *Tiene que salir menos por la noche.*
3 Va a la biblioteca una vez al mes. ....
4 Estudia media hora al día. ....
5 Ve la tele cuatro horas al día. ....
6 Habla por teléfono todo el tiempo. ....
7 Hace deporte dos veces al año. ....
8 Come bocadillos todos los días. ....
9 Compra ropa todas las semanas. ....
10 Casi nunca visita a sus padres. ....

19 ¿Qué palabras puedes añadir? Escribe posibles combinaciones para crear platos. Después, compara tu lista con la de tu compañero, ¿quién tiene más combinaciones?

1 Macarrones con ....
2 Bocadillo de ....
3 Ensalada de ....
4 Pollo con ....
5 Té con ....
6 Zumo de ....
7 Sopa de ....
8 Tostadas con ....

AMPLÍA

20 a Mira estas fotografías. ¿Con qué momento del día relacionas estos productos?

1 mangú
2 arepas
3 frijoles
4 jamón y queso
5 avena
6 tortillas
7 zumo de naranja
8 chocolate

b Lee estos textos de internet. ¿En qué países se comen los productos de las fotos anteriores? Busca con tu compañero qué tienen en común los tres desayunos.

Desayuno dominicano
En República Dominicana, se tiene por costumbre y cultura comer para el desayuno el famoso mangú (plátanos verdes triturados con mantequilla) el cual es considerado un plato nacional, con salami, huevos fritos o queso frito. También es costumbre comer una tostada con mantequilla o queso, acompañada con leche, jugo, café con leche o chocolate caliente. Otro de sus desayunos es avena con leche caliente y con una tostada, servida en un plato o tazón, y también avena con jugo de naranja frío (acompañado por lo general de pan o tostada).

Desayuno mexicano
En los desayunos fuertes de México, que bien pueden constituir un almuerzo, el platillo central suele ser huevos preparados de distintas formas, acompañados de frijoles con chile y tortillas. El zumo (o jugo) de naranja (o de alguna otra fruta) es también un elemento indispensable. En muchas regiones también son comunes los desayunos rápidos basados en tamales o pan dulce, acompañados por café con leche o atole (bebida caliente de maíz con leche). En el norte del país se acostumbra la «machaca» (carne seca y deshebrada) que puede comerse en burritos (tacos con tortilla de harina), o con huevo.

Desayuno venezolano
En la mayoría de los hogares venezolanos el desayuno consiste en arepa rellena y café con leche. La arepa está hecha de harina de maíz, tiene forma redonda aplastada y varía de tamaño según las costumbres de cada región. Casi siempre se abre por la mitad horizontalmente y se pone mantequilla, se rellena con queso blanco rallado o cualquier otro alimento (carne mechada, jamón y queso amarillo, etc.).
También son muy populares las empanadas en forma de medialuna y rellenas con queso, salchichas, atún...

Extraído de www.alimentacion-sana.com

c ¿Cómo es un desayuno típico de tu país o región? ¿Se parece a alguno de estos? Cuéntalo a la clase.

21 Tamara, Celi y Teresa llaman a un programa de radio y explican cómo son sus desayunos. Escucha las conversaciones y señala verdadero (V) o falso (F).

	V	F
1 A Tamara le encanta desayunar bien.		
2 Ahora Tamara no desayuna mucho porque está a dieta.		
3 El fin de semana Celi solo desayuna fruta, embutidos y queso.		
4 Teresa no tiene mucho tiempo para desayunar durante la semana.		
5 El fin de semana Teresa desayuna en la cama con su bebé.		

22 🔊 Escucha de nuevo a Tamara, Celi y Teresa y toma nota de qué come cada una. ¿Cuál de las tres toma el desayuno más completo?

1 Tamara

....
....
....

2 Celi

....
....
....

3 Teresa

....
....
....

café con leche	pan	queso
café solo	tostadas	fruta
zumo de naranja	bollos	yogur con cereales
mermelada	jamón	

23 Fíjate en esta guía gastronómica. ¿Qué restaurantes puedes elegir en cada caso?

GUÍA GASTRONÓMICA: Sabores de Latinoamérica

RESTAURANTES RECOMENDADOS

• **COCINA CUBANA**
Restaurante El Malecón. Pza. de la Estación, 45. Tel. 56 67 94. Platos típicos: ropa vieja, lechón asado, yuca con mole, arroz congrí. Bebidas cubanas: mojito, daiquiri. Romántico y acogedor. Domingos cerrado.

• **COCINA MEXICANA**
Restaurante El Mariachi. Avda. de América, 175. Tel. 54 87 29. Tacos, quesadillas, fajitas, enchiladas, pollo con mole. Tequila. Música mexicana en vivo viernes y sábado. Salón amplio para grupos y fiestas privadas. Solo abre por la noche.

• **COCINA PERUANA**
Restaurante Templo del Sol. C/ Independencia, 96. Tel. 58 70 35. Especialidades: papa a la huancaína, cebiche de pescado, tamales, ají de gallina, pollo a la brasa. Bebidas peruanas: Inca Kola, pisco sour, chicha morada. Menú de lunes a viernes. Abierto los fines de semana a mediodía.

• **COCINA ARGENTINA**
Restaurante La Pampa.
Paseo de las Flores, 35. Tel. 53 75 94. www.lapampa.com. Especialidad: carnes argentinas a la brasa y postres caseros. Comida y cena. Ambiente selecto, precio medio-alto. Sábado noche: tango en directo, aconsejable reservar.

	El Malecón	El Mariachi	Templo del Sol	La Pampa
1 Quieres ir a comer el domingo.				
2 Quieres tomar alguna bebida típica.				
3 Quieres una cena especial con tu pareja.				
4 Quieres comer a buen precio durante la semana.				
5 Quieres tomar algún plato tradicional de pescado.				
6 Quieres comer carne roja de calidad.				
7 Quieres cenar con música.				
8 Quieres celebrar una fiesta con muchos amigos.				
9 Quieres ver más información en internet.				

ALGO MÁS

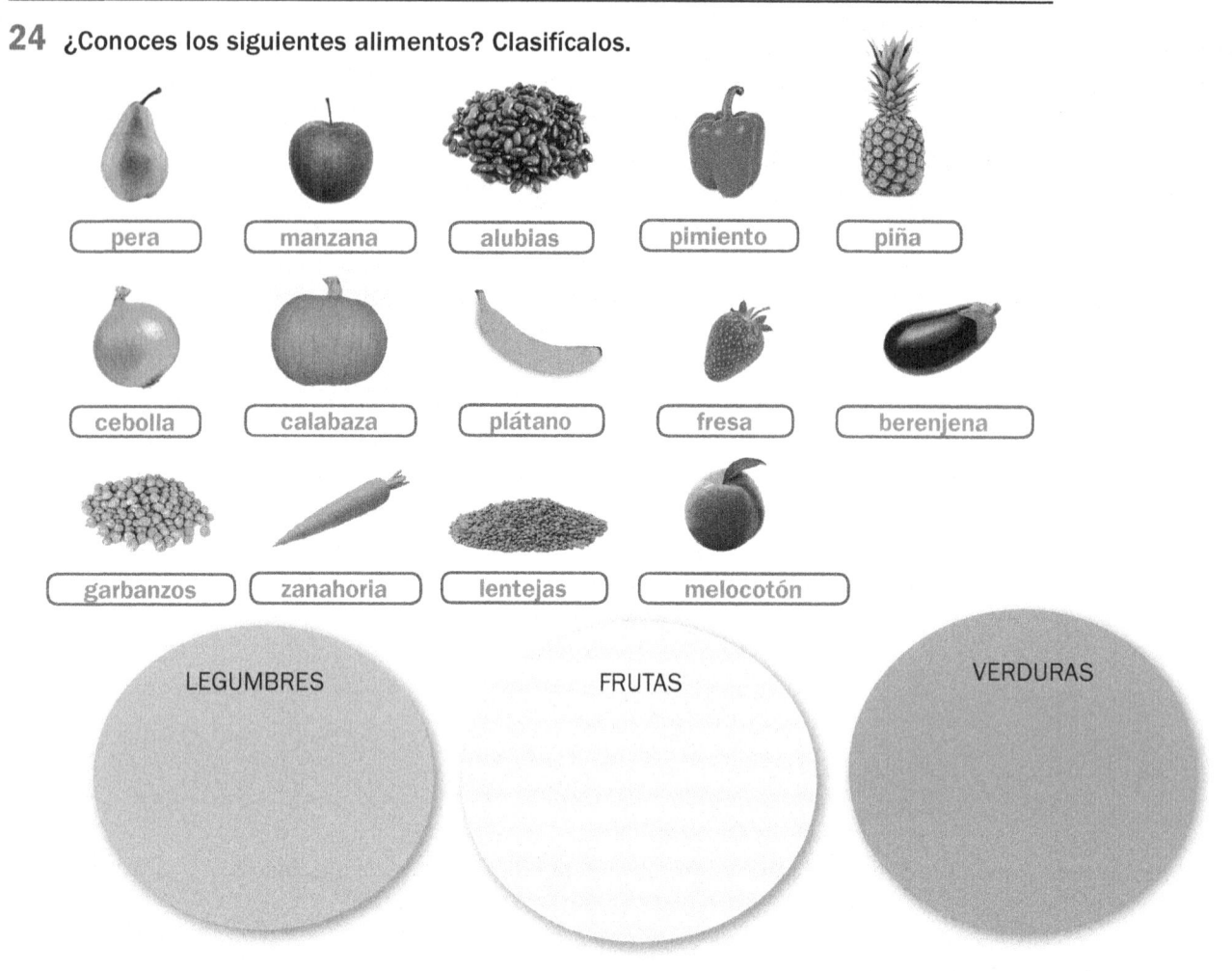

24 ¿Conoces los siguientes alimentos? Clasifícalos.

pera · manzana · alubias · pimiento · piña
cebolla · calabaza · plátano · fresa · berenjena
garbanzos · zanahoria · lentejas · melocotón

LEGUMBRES · FRUTAS · VERDURAS

25 Observa diferentes formas de cocinar un alimento. ¿Cómo se dice en tu idioma? Escríbelo.

1. Salmón **a la plancha**
2. Pizza **al horno**
3. Pinchos **a la parrilla**
4. Verduras **al vapor**
5. Huevos **fritos**

26 ¿Con o sin tilde? Fíjate en el valor gramatical de estas palabras y elige la opción correcta.

1. ¿Y *tu / tú*? ¿Tienes hijos?
2. ¿*Que / Qué* haces los fines de semana?
3. ¿Su apellido? Pues no *se / sé*... ¡Ni idea!
4. Están separados, ella vive en Londres y *el / él* en París.
5. Creo *que / qué* Cristina no tiene coche.
6. Oye, ¿*como / cómo* es *tu / tú* casa?
7. A *mi / mí* no me gusta nada *el / él* fútbol.
8. ¿Eres escritora? ¡*Que / Qué* interesante!
9. En *mi / mí* país no hay montañas así.
10. ¿Por *que / qué* estudias español?
11. *Estas / Estás* naranjas son de Valencia.
12. *Si / Sí*, ese es el novio de mi hermana, *se / sé* llama Arturo.

7 DE CAMPO Y PLAYA

OBSERVA

1 Lee este folleto y coloca las palabras que faltan en el lugar correspondiente.

camping • paisajes • tranquilas • cerca • natural • islas • agua

ISLAS CÍES
UN PARAÍSO NATURAL PARA LOS VISITANTES

Las Islas Cíes están en el océano Atlántico, [1] _____ de las costas de Galicia, en el noroeste de España. El archipiélago está formado por tres [2] _____ principales y otros islotes más pequeños.

Es un espacio [3] _____ protegido, que forma parte del Parque Nacional de las Islas Atlánticas, porque allí hay colonias de aves migratorias y muchos animales marinos bajo el [4] _____.

En las Islas Cíes hay playas muy [5] _____ y bonitas, con aguas frías y cristalinas, reconocidas con la bandera azul de la Unión Europea. También se puede visitar el Monte Faro —una montaña desde donde se pueden ver preciosos [6] _____, hacer senderismo o dormir en el único [7] _____ que hay, en el que los visitantes pueden alojarse durante un máximo de 15 días.

2 ¿Qué tiempo hace? Escríbelo debajo de cada imagen.

hace viento • hace calor • llueve • hace frío • hace sol • hay tormenta • nieva

1 .... 2 .... 3 .... 4 .... 5 .... 6 .... 7 ....

3 ¿Qué tiempo hace en tu región en cada estación del año?

1 En primavera ....
2 En verano ....
3 En otoño ....
4 En invierno ....

4 ¿En qué parte de España están estas ciudades?

1 Madrid *está en el centro.*
2 Alicante ....
3 Santander ....
4 Pontevedra ....
5 Cádiz ....
6 Tarragona ....
7 Oviedo ....
8 Ávila ....
9 Murcia ....
10 Bilbao ....

5 Mira el mapa de Sudamérica y lee la información meteorológica. Hay tres diferencias entre el mapa y el texto. ¿Cuáles son? Márcalas en el texto y sustitúyelas por la información correcta según el mapa.

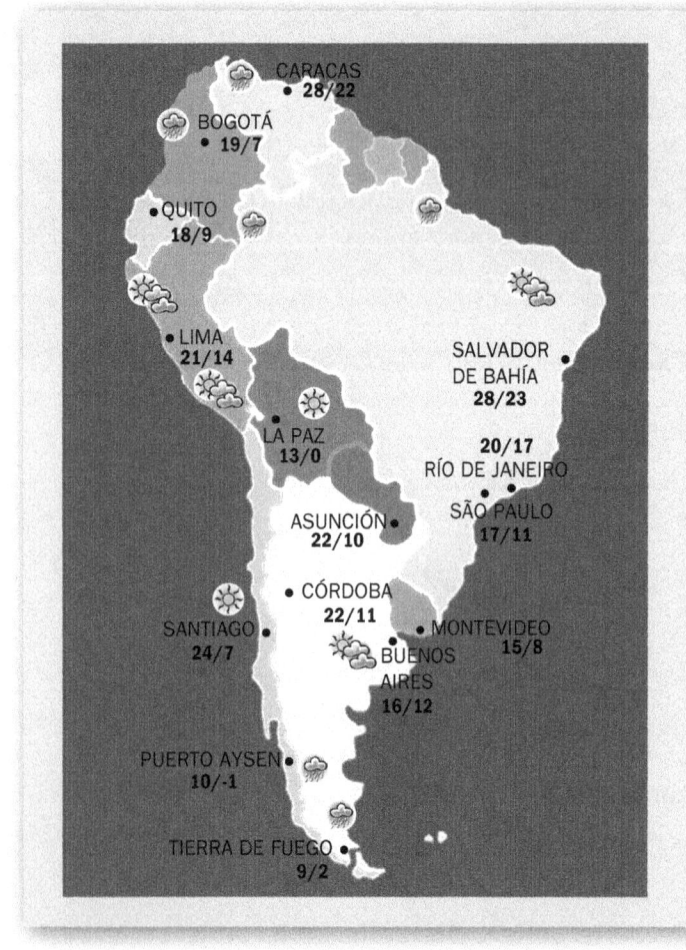

PRONÓSTICO PARA MAÑANA
AMÉRICA DEL SUR

Para mañana se esperan lluvias abundantes en Colombia, Venezuela y el norte de Brasil, con temperaturas máximas que oscilarán entre los 19 grados de Bogotá y los 27 de Caracas.

En la costa del océano Pacífico, lucirá el sol en Santiago de Chile, y habrá tormentas en Lima y todo el Perú. Sol también en La Paz, Bolivia, con temperaturas frías por la noche, que pueden alcanzar los 0 grados de mínima.

En la costa del océano Atlántico, temperaturas moderadas que alcanzarán los 17 grados de máxima en São Paulo y 20 en Río de Janeiro, y entre 15 y 16 grados en Montevideo y Buenos Aires. Nieve en Tierra de Fuego y el sur de Argentina.

Extraído de *www.terra.es*

6 ¿Cómo te gustan las vacaciones? Responde a las preguntas. Después, comenta tus respuestas con tu compañero.

¿Cómo te gustan las vacaciones?

1 ¿Qué tipo de vacaciones te gustan más?
- a ☐ Vacaciones tranquilas.
- b ☐ Vacaciones de aventura.
- c ☐ Vacaciones culturales.
- d ☐ Vacaciones en parques temáticos.
- e ☐ Otro: ....

2 ¿Qué te gusta hacer en las vacaciones?
- a ☐ Descansar.
- b ☐ Conocer gente.
- c ☐ Visitar monumentos.
- d ☐ Hacer deporte.
- e ☐ Otro: ....

3 ¿Con quién prefieres ir de vacaciones?
- a ☐ Con amigos.
- b ☐ Con la familia.
- c ☐ Con mi pareja.
- d ☐ Con la clase.
- e ☐ Otro: ....

4 ¿Dónde prefieres alojarte?
- a ☐ En un *camping*.
- b ☐ En un apartamento.
- c ☐ En un hotel.
- d ☐ En una casa rural.
- e ☐ Otro: ....

7 a Piensa en lugares naturales que conoces, ¿alguno tiene las características que se mencionan en la lista? En grupos de tres, describid y comparad los lugares que proponéis.

1 Un lugar para hacer submarinismo.
2 Un lugar para unas vacaciones tranquilas en contacto con la naturaleza.
3 Un lugar para hacer *trekking* y estar en la montaña.
4 Un lugar con un río para pescar.
5 Un lugar con bosques para pasear.
6 ...

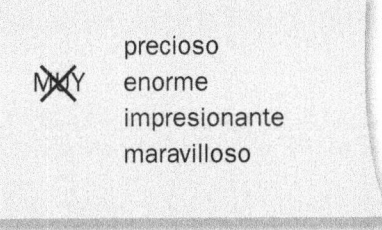

M~~uy~~
- precioso
- enorme
- impresionante
- maravilloso

Localizar: ¿Dónde está?

Está **en** el norte, sur, este, oeste.
Está **en** la costa, **en** el interior.
Está **a** 65 km **de**...

¿Cómo es (el lugar)?

Es un lugar **muy bonito**.
↓
Es un lugar **precioso, maravilloso**.

Es un lugar **muy grande**
↓
Es un lugar **enorme, impresionante**.

b Ahora seleccionad los tres mejores lugares y presentadlos al resto de la clase.

PRACTICA

8 a En las siguientes frases falta una palabra. ¿Cuál es? Escribe otra vez las frases completas, con las palabras correspondientes.

1 ¿quién vas a cenar? → ....
2 ¿Y vosotros? ¿Qué a hacer este verano? → ....
3 ¿Cuándo vamos ir a Ligüerre de Cinca? → ....
4 ¿Cómo te gustaría a Mallorca, en barco o en avión? → ....
5 Y tú, en Sevilla, ¿dónde a dormir?, ¿en casa de Maite? → ....
6 ¿Cómo vas reservar el hotel, por la agencia de viajes? → ....

b Relaciona las preguntas de 8 **a** con la respuesta adecuada.

.... a No sé. Creo que en avión, pero es bastante caro.
.... b Pues no tenemos planes todavía, pero a mí me gustaría ir a Egipto o a Turquía o algo así.
.... c No, porque ya no vive allí. Voy a un albergue que está bastante cerca del centro.
.... d Con Fernando y su novia; vamos a tomar algo y volvemos a casa pronto.
.... e Yo siempre hago las reservas por internet; es más cómodo.
.... f Pues este año no podemos ir, porque todos los hoteles están completos.

c 🔊 Escucha y comprueba.

9 Completa las frases con información sobre ti.

1 Esta noche voy a ....
2 En mis próximas vacaciones voy a ....
3 Mañana quiero ....
4 El año que viene quiero ....
5 Al final de este curso me gustaría ....
6 En el futuro me gustaría ....

10 a 🔊 Vas a escuchar seis frases. Escoge, para cada frase, la respuesta adecuada entre las siguientes.

.... a ¡Imposible! ¡Pero si no hay ni una nube!
.... b Sí, a mí también, pero en un pueblo pequeño.
.... c En la calle Arenal hay una tienda de deportes. Mira allí, probablemente tengan.
_1_ d No, gracias, ahora no.
.... e Bueno, yo soy traductor y hablo ruso, polaco, alemán y español.
.... f ¿Por qué no le compras algo de música? A ella le gusta mucho la música.

b 🔊 Escucha las frases otra vez y escríbelas.

1 ....
2 ....
3 ....
4 ....
5 ....
6 ....

c Comprueba si has escrito bien las frases, mirando la transcripción del ejercicio 10 **a**.

11 Relaciona.

1 subir a
2 visitar
3 comer en
4 hacer
5 conocer
6 montar en
7 ir de
8 recorrer

a gente
b un picnic
c vacaciones
d una montaña
e bicicleta
f un valle
g un restaurante
h un museo

12 Completa con las preguntas.

¿Qué vas a hacer? • ¿Cuándo vas a ir a Sevilla? • ¿Con quién vas a ir? • ¿Cómo vas a ir?

1 ■ ....
• Voy a ir en abril.

2 ■ ....
• En tren.

3 ■ ....
• Voy a visitar a unos amigos.

4 ■ ....
• Con mi novia.

13 ⓐ Mira el mapa del tiempo. ¿Qué tiempo hace en cada zona?

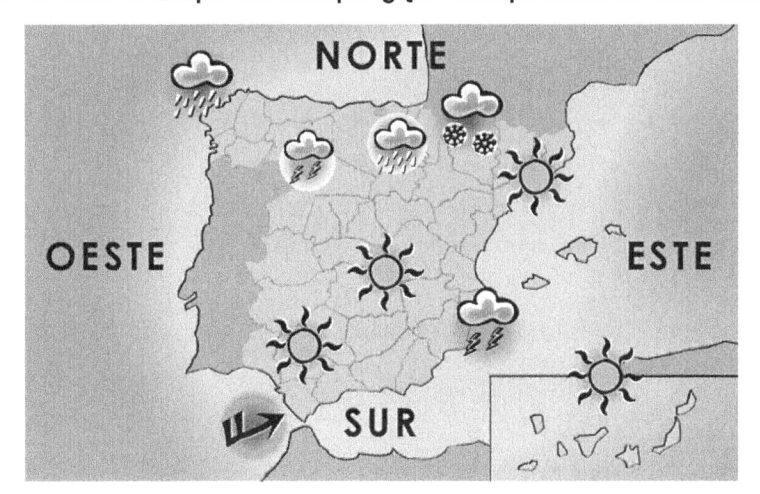

■ En el centro, hace sol.
• Sí, y en las Islas Baleares, hay tormentas.

Hace sol • Llueve • Hace viento • Nieva • Hay tormenta • Hace frío • Hace calor

ⓑ ¿Cómo es el clima en tu país o en tu región?

....
....

14 Lee las descripciones de condiciones meteorológicas y piensa en un lugar con ese clima. Compara con tu compañero.

	LUGAR
1 Hace mucho calor en verano.	
2 Hace mucho frío en invierno, pero no nieva casi nunca.	
3 Hace mucho viento pero hace sol casi siempre.	
4 Hay muchas tormentas, pero no hace frío.	
5 Llueve mucho todo el año.	

15

a Lee el programa de este viaje y, siguiendo el mapa, ordénalo de forma lógica.

Ruta del califato
PROGRAMA

1.er día (por la mañana):

1.er día (por la tarde-noche):

2.º día (por la mañana):

2.º día (por la tarde-noche):

1. Desayuno. Visita a la Fortaleza de la Moa, impresionante castillo árabe (siglos IX-XIV). Viaje a Granada. Entrada en La Alhambra y los Jardines del Generalife, declarados Patrimonio Cultural de la Humanidad por la Unesco. Comida en el maravilloso barrio del Albaicín.

2. Excursión en autocar a Lucena y visita al castillo medieval del Moral (siglo XI). Llegada a Cabra y paseo por los alrededores, dentro del Parque Natural de las Sierras Subbéticas, una de las maravillas naturales de la provincia. Cena y noche en hotel*** en Priego de Córdoba.

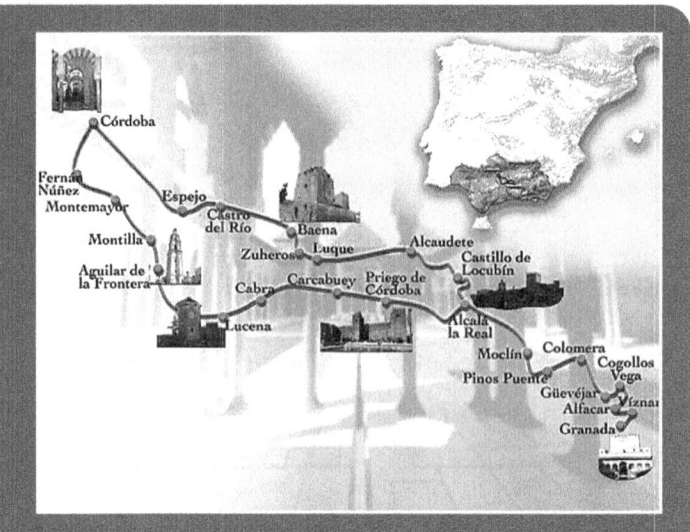

3. Visita a la Mezquita de Córdoba, antigua sede del Califato y monumento declarado Patrimonio Cultural de la Humanidad por la Unesco. Paseo andando por el centro histórico de la ciudad. Comida.

4. Excursión en autocar a Sierra Nevada y subida al monte Veleta (3394 m), con vistas espectaculares a Granada y al Mediterráneo. Vuelta en autocar a Córdoba.

b Completa este correo de dos personas que hacen la «Ruta del Califato».

¡Hola, Elena!

¿Qué tal? Te escribimos desde Córdoba. Es una ciudad preciosa, pero ¡qué [1] .... hace aquí! ¡Hoy, 42 ºC, imagínate! Mañana vamos a hacer «la ruta del Califato», una [2] .... de dos días por la antigua España musulmana. Por la mañana vamos a [3] .... la Mezquita, que es una maravilla, creo, y luego, a dar un paseo por el centro histórico de Córdoba. Y por la tarde nos llevan [4] .... autocar a ver un castillo y a dar un paseo por un parque natural. Tú conoces la zona, ¿no? Pues por la noche [5] .... en un hotel de Priego de Córdoba. Un día completo, ¿verdad? Al día siguiente, vamos [6] .... Priego [7] .... Granada, para ver La Alhambra y Sierra Nevada. ¿Sabes que hay montañas de 4000 m a 50 km del mar? Creo que puedes ver el norte de África perfectamente. ¡Impresionante! Bueno, te contamos más a la vuelta.

Un abrazo muy fuerte.
Inés y Alfonso

16 Completa estas frases sustituyendo las imágenes por palabras.

1. Nosotros, en vacaciones, siempre viajamos .... (🚲), para ver las cosas con tranquilidad.
2. ¿Esa es tu .... (🏍️)? ¡Qué grande!
3. Yo prefiero viajar .... (🚗) porque da mucha libertad de movimientos. Los .... (🚆) no me gustan nada.
4. Este año, Elena y Javi quieren ir a Ibiza .... (🚢), para disfrutar del mar.
5. Normalmente voy a Buenos Aires .... (✈️); es muy rápido.

17 ¿Cómo te gusta viajar? ¿Por qué?

En tren | En coche | En moto | En avión | En barco | En bicicleta

- A mí me gusta viajar en barco, porque es muy agradable.
- Yo prefiero viajar en tren, para ver bien el paisaje.

18 a) Escribe el verbo que corresponde a los siguientes sustantivos.

1. viaje ....
2. alojamiento ....
3. salida ....
4. llegada ....
5. lluvia ....
6. nieve ....
7. descanso ....
8. visita ....
9. desconexión ....
10. organización ....

b) Completa las frases con algunos de los sustantivos anteriores.

1. Estamos de vacaciones en la costa y no podemos ir a la playa por la ....
2. El .... en este hotel es muy caro, es mejor buscar otro.
3. La .... de este tren es a las ocho y la .... a las doce.
4. Este hotel está en las montañas, en un lugar muy tranquilo. Es ideal para el ....
5. No podemos esquiar porque no hay ....
6. Mañana vamos a hacer una .... al Museo del Prado con un guía.

19 Mira este mapa de la isla de Cuba y responde a las preguntas.

1. ¿Qué ciudad está al oeste de Guantánamo?
2. ¿Qué ciudad está en el interior, al sur de Morón?
3. ¿Qué ciudad está en la costa, al este de La Habana, a 50 km?
4. ¿Qué ciudad está a 100 km de La Habana, al suroeste?
5. ¿Qué ciudad está al oeste de Sancti Spiritus?

AMPLÍA

20 🔊 Escucha la encuesta sobre las vacaciones de los españoles y escribe los datos que faltan.

LAS VACACIONES DE LOS ESPAÑOLES

¿Cuántos españoles se van de vacaciones?	
Españoles que no se van de vacaciones	42,7 %
Españoles que sí se van de vacaciones	57,3 %
¿Dónde pasan las vacaciones?	
En España	_ _,_ %
En el extranjero	_ _,_ %
¿Cuáles son sus destinos preferidos?	
Andalucía	_ _,_ %
Comunidad Valenciana	18,8 %
Cataluña	_ _,_ %
¿Cuántas vacaciones tienen al año?	
Media	42,2 días
¿Cómo hacen las reservas?	
A través de agencia de viajes	78,7 %
Por cuenta propia	_ _,_ %
Por internet	_ _,_ %
¿Cómo viajan?	
En coche	_ _,_ %
En avión	_ _,_ %
En autobús	22,0 %
En tren	_ _,_ %
¿Dónde se alojan?	
En hoteles	_ _,_ %
En casa de amigos o familiares	47,1 %
En apartamentos alquilados	_ _,_ %
En casas rurales	_ _,_ %

21 Completa las frases con las siguientes palabras.

chatear • navegador • descargar • carpeta • contraseña • *selfie*

1. El nuevo .... es mucho más rápido que Internet Explorer.
2. No me acuerdo de mi .... y no puedo entrar en la web.
3. Por la noche me gusta .... con mis amigos.
4. Tengo que hacerme un .... en este paisaje tan bonito para enviárselo a mi novio.
5. No me gusta .... archivos de páginas web que no conozco.
6. El documento está en una .... que se llama ELE, ¿lo encuentras?

ALGO MÁS

22 Subraya la palabra que no corresponde y sustitúyela por otra, como en el ejemplo.

1. albergue – casa rural – ~~temporal~~ – apartamento: *hotel*
2. norte – sur – viento – este: ....
3. barco – bicicleta – tren – billete: ....
4. contraseña – reportaje – correo electrónico – navegador: ....
5. marzo – lunes – mayo – septiembre – enero: ....
6. día – frío – calor – sol – tormenta: ....
7. kilómetro – bosque – río – montaña: ....
8. primavera – tiempo – invierno – verano: ....
9. descansar – nadar – comer – descargar: ....

23 **a** Pronuncia estas palabras y clasifícalas según como suenan. Si suenan con el sonido [k] (como **c**asa), escríbelas en la columna izquierda. Si suenan con el sonido [θ] (como Bar**c**elona), escríbelas en la columna derecha.

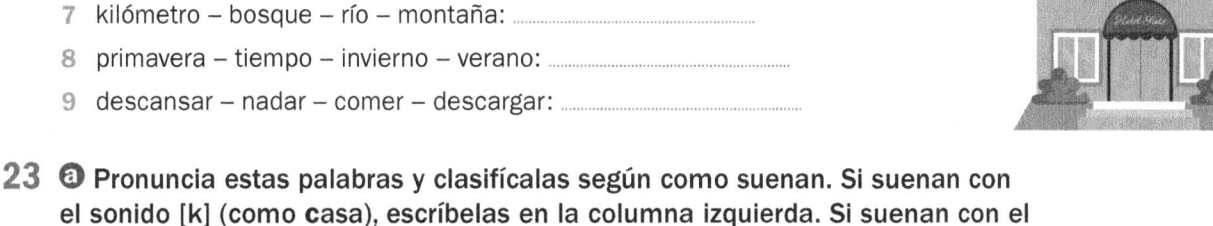

ciudad • castillo • parque • califato • Lucena • Cabra • mezquita • autocar
cena • cultural • Albaicín • espectaculares • Córdoba • centro • comida

Sonido [k]	Sonido [θ]

b 🔊 Escucha y comprueba.

c ¿Cuál es la regla ortográfica? Intenta completar esta explicación:

> El sonido [k] se escribe con «c» delante de las vocales __, __, __, y con «qu» delante de las vocales __, __. En cambio, el sonido [θ] se escribe con «c» delante de __, __, (y con «z» delante de *a, o, u*, como en «zapato»).

24 En español existen palabras de origen extranjero, especialmente en algunos campos como la informática, los deportes, la música... Lee los siguientes extranjerismos: ¿cómo se dicen en tu idioma?; ¿puedes añadir otros?

1. el rock ....
2. el fútbol ....
3. el software ....
4. el airbag ....
5. el pádel ....
6. el selfi ....
7. el gol ....
8. el rugby ....
9. el club ....
10. el esquí ....
11. el reality ....
12. el blues ....

Otros: ....

OBSERVA

Hay palabras de origen extranjero completamente adaptadas al español, como por ejemplo *gol* o *fútbol*. Otras se escriben igual que en su lengua original, como *software* o *rugby*.

8 SE ALQUILA PISO

OBSERVA

1 Mira estos dos planos. ¿A qué anuncios corresponden?

A ANUNCIO ....

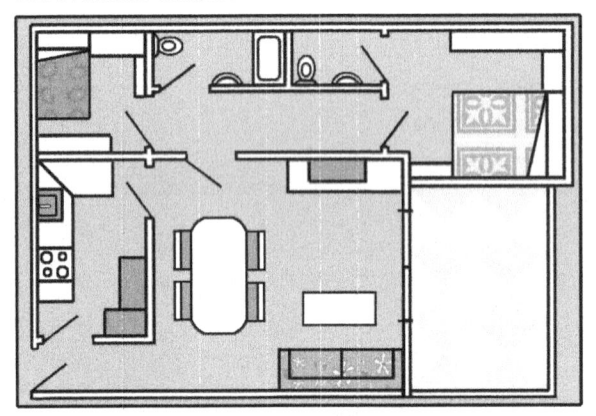

B ANUNCIO ....

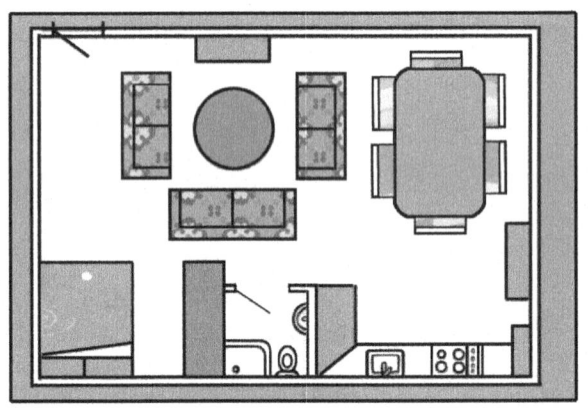

1 Plaza Molina. Piso de 2 dormitorios, salón-comedor, cocina, 1 baño, balcón. Ascensor, calefacción. Seminuevo. Inmobiliaria Novapromotio, S. A. Tel.: 932 095 650.

2 Zona Ensanche. Pisos de lujo. 2 dormitorios, 2 baños, salón-comedor, cocina, terraza 30 m². Portero 24 h, *parking*, calefacción. Soleado, bien comunicado. 1900 €/mes. Doñacasa, S.A. 934 821 355.

3 Marbella. Ático 1 dormitorio, salón-comedor, cocina, baño. Vistas al mar. Urbanización con piscina y jardín comunes. A 3 km centro ciudad. Garaje opcional. 685 557 742.

4 Particular alquila bonito estudio amueblado 50 m², con cocina americana, vistas al Tibidabo. Metro Padua. Interesados, llamar al tel.: 932 476 903 (18-22 h).

2 Relaciona las palabras de las dos columnas.

1	bien	a	para dos personas
2	baño	b	completo
3	equipado	c	al mar
4	vistas	d	comunicado
5	ideal	e	americana
6	cocina	f	de 15 metros
7	terraza	g	de naturaleza
8	rodeado	h	con lavadora y nevera

3 **ⓐ** Escribe los nombres de los siguientes muebles.

una mesa • una cama • un sillón • una lavadora • una silla • un sofá
un armario • una nevera • una estantería • una bañera

1 .... 2 .... 3 ....

4 .... 5 .... 6 .... 7 ....

8 .... 9 .... 10 ....

ⓑ Escribe los muebles anteriores en cada parte de la casa. Hay varias posibilidades.

El salón	El dormitorio	La cocina	El baño

4 El catálogo de la tienda Ikoa tiene tres errores. Corrígelos.

Cuarto de baño *Newbath*, con cama *Deluxe*, 2899 €

Dormitorio *Bedtime*, con sofá *Comfort* 200 x 160 cm, 1699 €

Salón *Livingstyle*, con bañera *Longleather* y mesa de cristal *Glassy*, 3499 €

5
Marisa y Laura tienen nuevos pisos alquilados. Completa los mensajes que se envían por teléfono móvil para describir de qué color son los muebles.

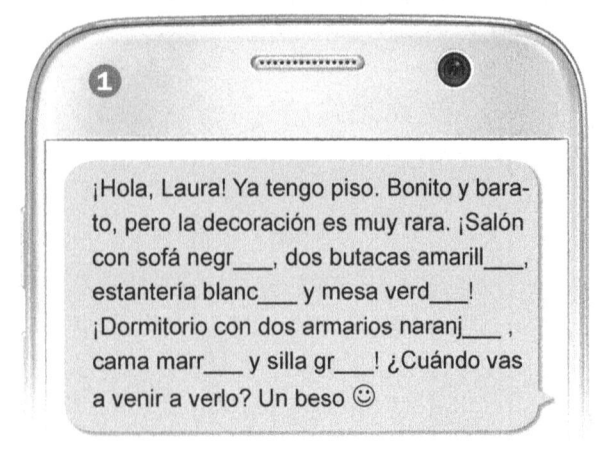

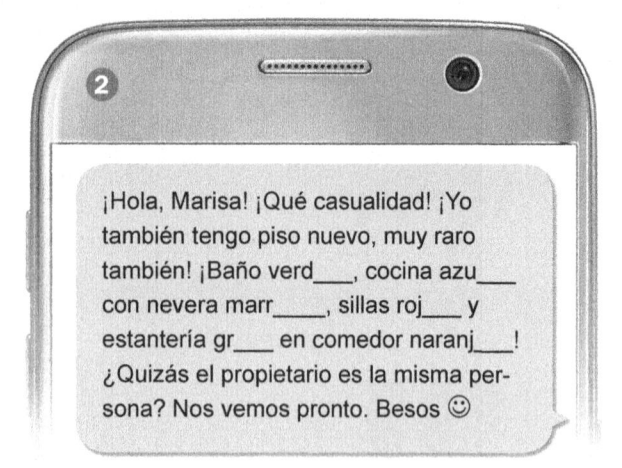

1
¡Hola, Laura! Ya tengo piso. Bonito y barato, pero la decoración es muy rara. ¡Salón con sofá negr___, dos butacas amarill___, estantería blanc___ y mesa verd___! ¡Dormitorio con dos armarios naranj___, cama marr___ y silla gr___! ¿Cuándo vas a venir a verlo? Un beso ☺

2
¡Hola, Marisa! ¡Qué casualidad! ¡Yo también tengo piso nuevo, muy raro también! ¡Baño verd___, cocina azu___ con nevera marr___, sillas roj___ y estantería gr___ en comedor naranj___! ¿Quizás el propietario es la misma persona? Nos vemos pronto. Besos ☺

PRACTICA

6
Una organización de consumidores va a publicar un folleto con consejos para las personas que quieren alquilar pisos. Completa el texto, ordenando la información de forma lógica.

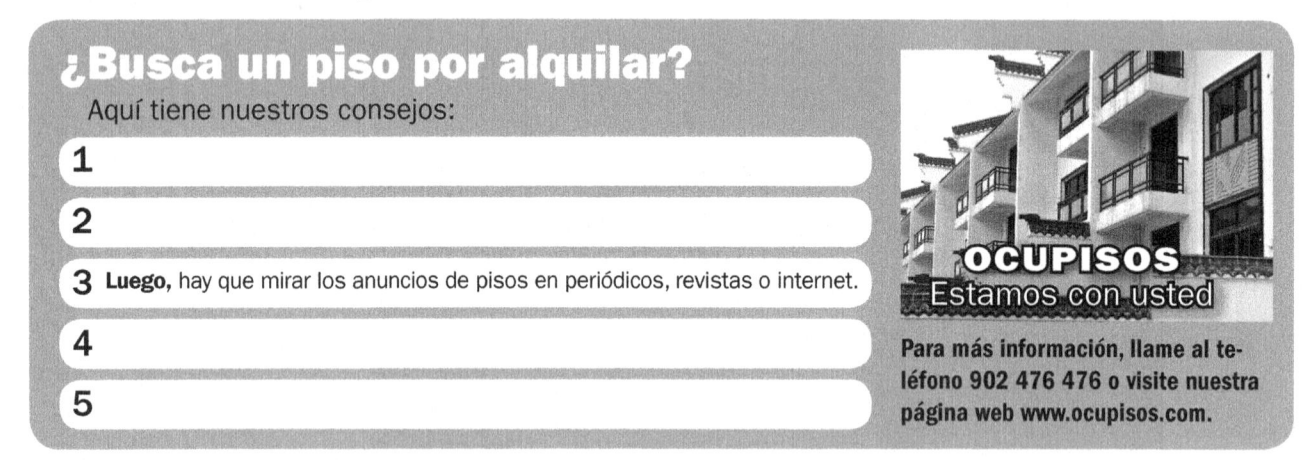

¿Busca un piso por alquilar?
Aquí tiene nuestros consejos:

1.
2.
3. **Luego,** hay que mirar los anuncios de pisos en periódicos, revistas o internet.
4.
5.

OCUPISOS
Estamos con usted

Para más información, llame al teléfono 902 476 476 o visite nuestra página web www.ocupisos.com.

a **Después**, hay que saber cuánto dinero nos podemos gastar mensualmente.

b **Por último**, hay que ir a ver el piso y mirarlo con atención: si hay calefacción, si el agua caliente funciona correctamente, si hay ascensor, si las ventanas cierran bien, etcétera.

c **Primero**, hay que pensar qué tipo de piso necesitamos: amueblado o sin amueblar, céntrico o en las afueras, con una, dos o más habitaciones, etcétera.

d **Después** de seleccionar los anuncios interesantes, hay que llamar al propietario o a la agencia inmobiliaria, y establecer una cita para ver el piso.

7
Lee estas listas de actividades que se pueden y no se pueden hacer en diferentes sitios y corrige la información incorrecta.

En un cine, durante la película...
- Se puede hacer ruido.
- Hay que estar sentado.
- No se puede hablar por el móvil.
- Hay que dormirse.
- No se puede fumar.

En un gimnasio, durante las clases...
- No hay que hacer las actividades que propone el monitor.
- Se puede molestar a los compañeros de clase.
- No hay que ducharse.

8 Lee estas frases del diálogo. ¿Qué explicación corresponde a cada frase?

1 ■ ¿Y dónde están los muebles?
  ● Son <u>esos</u>.

2 ■ ¿<u>Esa</u> puerta es la de la cocina?
  ● No, la del baño.

3 ■ ¿Y <u>eso</u> qué es? ¿Un armario?
  ● No, <u>eso</u> es la cocina.

4 <u>Ese</u> piso está muy bien, pero…, ¡es muy caro!

a .... Señalar un objeto femenino singular: una puerta.
b .... Señalar o indicar un objeto que no sabe identificar.
c .... Señalar un objeto masculino plural: unos muebles.
d .... Referirse a un objeto masculino singular: un piso.

9 Una persona que llega a un piso nuevo da instrucciones a un trabajador para que coloque los muebles. Completa lo que dice utilizando *ese, esa, esos, esas, eso*.

1 .... armario va en el dormitorio grande.
2 .... cama, en el dormitorio del niño, por favor.
3 .... sillas, en el comedor.
4 ¿Y .... qué es? ¡Ah, sí, el microondas! En la cocina, por favor.
5 Y ...., también en la cocina.
6 .... sofá, en el salón, al lado de la estantería blanca.
7 .... libros, en la estantería.
8 Y .... mesa, en la terraza.

10 Marca qué cosas hay en tu casa.

1 ☐ ascensor   4 ☐ jardín   7 ☐ lavavajillas
2 ☐ calefacción 5 ☐ terraza   8 ☐ microondas
3 ☐ garaje   6 ☐ lavadora   9 ☐ bañera

11 ¿Cuáles son las normas de tu casa?

1 Está prohibido ....

2 Hay que ....

3 No se puede ....

12 Relaciona las frases de las dos columnas.

1 ¿Coméis con nosotros?
2 Dice el médico que tengo que operarme.
3 Perdone, ¿se puede fumar aquí?
4 El piso está nuevo, nuevo.
5 ¿Qué? ¿Quieres un café?
6 Estos ascensores, ¿se pueden usar?

a Sí, gracias. Con un poco de leche.
b No, gracias. Tenemos que irnos.
c No, lo siento. Son solo para clientes.
d No, está prohibido.
e Bueno, antes hay que hablar con otro especialista.
f Sí, no hay que pintar ni nada.

13 Escucha las grabaciones y señala qué actividades están haciendo estas personas.

1. ☐ Lava la ropa.
   ☐ Ve la tele.
   ☐ Come.
   ☐ Va al supermercado.
   ☐ Va al banco.

2. ☐ Hace ejercicio.
   ☐ Lava los platos.
   ☐ Hace la comida.
   ☐ Cena.
   ☐ Limpia la casa.

3. ☐ Se viste.
   ☐ Se lava los dientes.
   ☐ Duerme la siesta.
   ☐ Se ducha.
   ☐ Desayuna.

lavar la ropa  | *limpiar la casa*  | *hacer la comida*  | *lavar los platos*  | *ducharse*  | *vestirse*

14 a Lee los textos y adivina a qué persona corresponde cada uno.

a un jubilado
b una ejecutiva 
c un camarero de discoteca 

1 .... Se levanta a las ocho de la tarde, se ducha, se viste y se va a trabajar, de diez de la noche a seis de la mañana. Trabaja de miércoles a domingo y descansa lunes y martes. Normalmente duerme poco, conoce a mucha gente y le gusta mucho bailar.

2 .... Se levanta a las nueve o nueve y media. Desayuna, sale a dar un paseo y a comprar el periódico. Luego vuelve a casa para hacer la comida y ve un rato la tele después de comer. A veces, por la tarde, juega a las cartas con algunos amigos o lee un rato. Normalmente cena pronto y se acuesta escuchando la radio.

3 .... Se levanta muy pronto, a las siete. Desayuna un café, se ducha rápido y se va al aeropuerto a coger un avión. Tiene varias reuniones con clientes, come, y luego, por la tarde, escribe unos correos electrónicos en su ordenador portátil y vuelve al aeropuerto para coger otro avión.

b Conjuga los verbos siguientes, extraídos de la actividad anterior.

	levantarse	acostarse	vestirse	dormir
yo				
tú				
él/ella/usted	*se levanta*	*se acuesta*	*se viste*	*duerme*
nosotros/-as				
vosotros/-as				
ellos/ellas/ustedes				

15 ¿Qué actividades haces en las siguientes partes de la casa? Escríbelo.

1 La cocina

En la cocina paso mucho tiempo: por la mañana desayuno...

2 El salón

3 El dormitorio

16 Escribe frases para expresar lo contrario.

1 Mi casa está mal comunicada.
....

2 Vivo en un piso que está muy lejos del centro.
....

3 Mi abuela vive en un edifico muy antiguo.
....

4 Mi calle es muy ruidosa.
....

5 Busco un piso sin muebles.
....

6 El alquiler es muy barato.
....

17 a) Alicia y Martín están buscando piso en Málaga. Lee los anuncios, escucha la conversación y marca de qué anuncio están hablando.

1 **Málaga – Las Acacias.** Casa con jardín a 100 m del mar. 4 dormitorios, salón, comedor, cocina, 2 baños, 2 terrazas. Inmobiliaria Gibralfaro, S. A. Tel.: 952 721 305.

2 **Málaga – Cerrado de Calderón.** Particular alquila piso 2 dormitorios, salón-comedor, baño, cocina, aparcamiento opcional. Precioso. Precio a convenir. Tel.: 952 093 149.

3 **Málaga – La Malagueta.** Estudio amueblado. Cocina americana. Vistas al mar. Tel.: 952 236 458.

b) Escucha otra vez la conversación y escribe más información sobre el piso.

- Dirección:
- Calefacción:
- Precio con *parking* / sin *parking*:
- Cita:

18 Vas a estar de viaje durante unos meses y quieres alquilar tu casa. Escribe el anuncio. Puedes utilizar como modelo los anuncios de la actividad 1 b y los del cómic de Agencia ELE del libro de clase. Antes de escribir, piensa:

- ¿Qué características importantes tiene tu casa? (¿Dónde está? ¿Cómo es?...)
- ¿Cuánto dinero vas a pedir?
- ¿Alguna condición especial? (¿Se puede fumar?...)

> Antes de escribir un texto, es importante pensar y organizar las ideas. También es importante buscar modelos.

AMPLÍA

19 ⓐ ¿Recuerdas la audición del ejercicio 12 ⓒ del libro de clase? ¿Cuáles de las siguientes frases describen la casa de México y cuáles describen la casa de las Islas Baleares?

1. En la casa no hay muchos muebles ni objetos de decoración.
2. La casa está pintada con colores muy vivos: azul, naranja, verde, amarillo...
3. Está muy cerca del mar.
4. Está decorada con muebles grandes y piezas de artesanía.
5. Tiene un patio con luz y muchas plantas.
6. Toda la casa está pintada de color blanco.

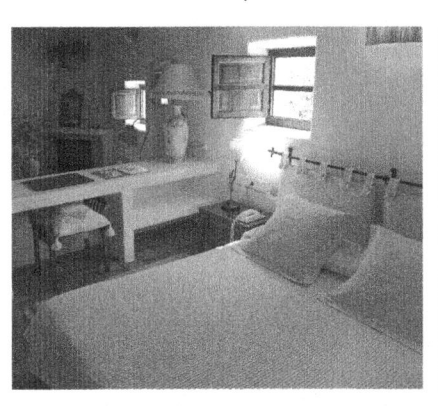

> La casa que está en las Islas Baleares (España)
>
> La casa que está en México

ⓑ Lee la transcripción de la audición del ejercicio 12 ⓒ del libro de clase y, aunque está incompleta, comprueba las respuestas que has marcado en 19 ⓐ.

Fragmento 1

Mi casa es mi refugio y el de mi familia, mi _____ y mis _____ niños. En ella encontramos calor y alegría. Siguiendo un estilo bastante _____ de mi país, en el interior, la casa está llena de colores muy vivos en las paredes y también en el techo: el salón es azul y _____; el baño verde, los _____ en distintos tonos de rosa o amarillo y la cocina _____. Además, me gustan mucho los muebles y los objetos decorativos, así que tengo muchas cosas: grandes muebles de madera y muchas piezas de artesanía mexicana para llenar los diferentes espacios. Las _____ son grandes y además tenemos un pequeño patio lleno de plantas y de luz... y también de color: el suelo es _____ y _____.

Fragmento 2

Yo soy escritor y, claro, mi casa es también mi lugar de trabajo. Por eso necesito vivir en un lugar _____ donde pueda concentrarme y trabajar, pero también relajarme... Para mí también era esencial tener aire fresco y mucha _____ natural. Por eso para mí es perfecto este estilo de las casas de la isla... Y esta casa es así: _____, luminosa, nada me distrae. No tengo muchos muebles ni adornos... me gustan las formas simples, producen armonía y _____. El blanco que domina todo y los materiales naturales crean una atmósfera de comodidad y relax. Y el paisaje..., la casa con varios espacios abiertos, como habitaciones exteriores o _____, es parte del paisaje, una continuación de la luz del mar, que casi lo puedo sentir dentro.

ⓒ 🔊 Ahora escucha la audición del ejercicio 12 ⓒ del libro de clase y escribe las palabras que faltan en el ejercicio 19 ⓑ.

ALGO MÁS

20 a) Escucha estas dos frases extraídas del diálogo del ejercicio 17 y fíjate en cómo se juntan, al pronunciarlas, la última vocal de una palabra con la primera vocal de la palabra siguiente. Es un fenómeno que se llama sinalefa.

- Sí, sí, ya conozco la zona, pero el piso ¿dónde está exactamente?
- Y aire acondicionado, porque en verano...

b) Marca con el signo «‿» las sinalefas de estas frases del diálogo.

- ... Quería pedirle un poco más de información...
- En la calle Olmos, al principio...
- Sí, ya imagino.
- De acuerdo. Pues allí nos vemos.
- Hasta el martes.

c) Escucha y comprueba.

21 Amplía tu vocabulario de la casa. ¿En qué lugar de la casa puedes encontrar estas cosas? Hay más de una opción.

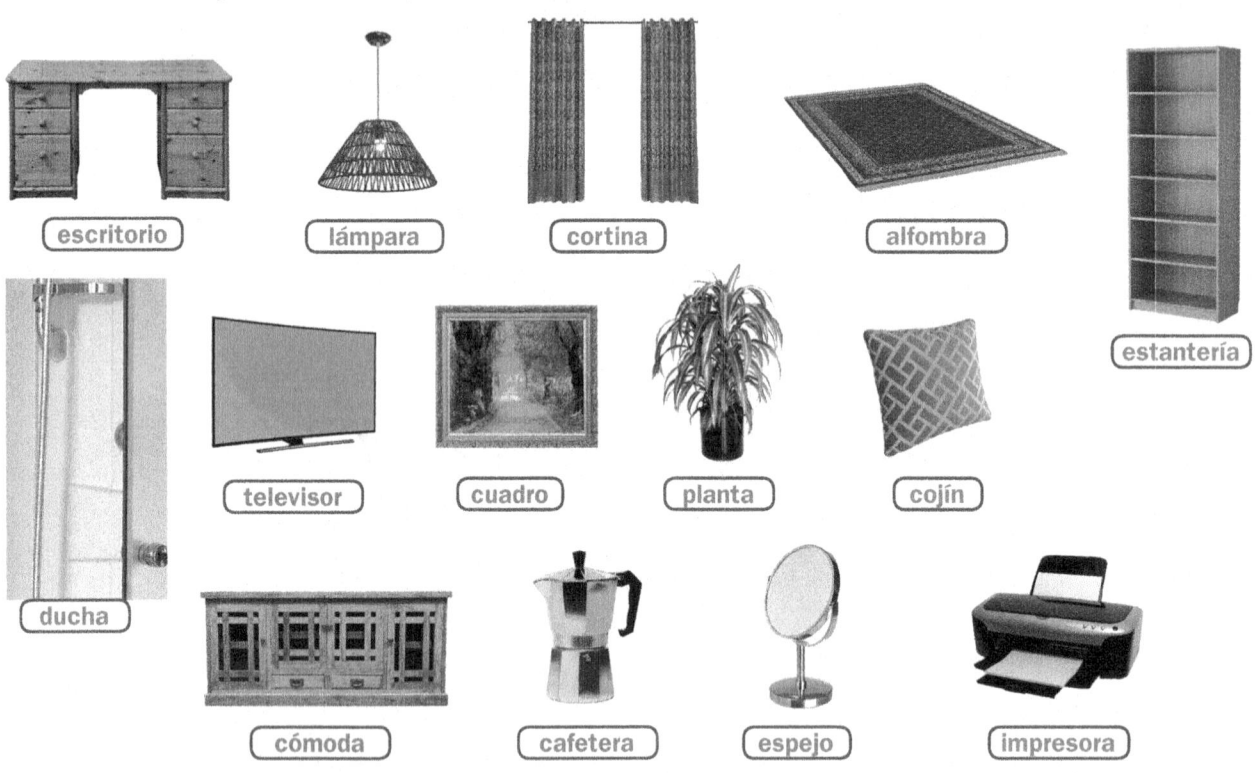

escritorio, lámpara, cortina, alfombra, estantería, ducha, televisor, cuadro, planta, cojín, cómoda, cafetera, espejo, impresora

Salón	Cocina	Baño	Habitación

9 ¿ESTUDIAS O TRABAJAS?

OBSERVA

1 Escribe los contrarios de los siguientes adjetivos.

1. fácil
2. divertido
3. estresante
4. agradable
5. cómodo
6. bueno

2 ¿Qué opinas de las siguientes profesiones? Completa las frases con un adjetivo.

1. Médico/-a → Es un trabajo
2. Periodista → Es un trabajo
3. Cocinero/-a → Es un trabajo
4. Bombero/-a → Es un trabajo
5. Modelo → Es un trabajo
6. Taxista → Es un trabajo
7. Actor/Actriz → Es un trabajo
8. Futbolista → Es un trabajo
9. Abogado/-a → Es un trabajo
10. Administrativo/-a → Es un trabajo

3 ¿Dónde trabajan? Relaciona las profesiones con los lugares de trabajo.

1	médico/-a	a	cocina
2	camarero/-a	b	oficina
3	periodista	c	taxi
4	taxista	d	hospital
5	cocinero/-a	e	bar
6	profesor(a)	f	periódico
7	administrativo/-a	g	escuela

4 ¿Qué actividades hacen en estos trabajos?

un(a) profesor/-a
1.

un(a) actor/actriz
2.

un(a) abogado/-a
3.

un(a) enfermero/-a
4.

un(a) arquitecto/-a
5.

un(a) bombero/-a
6.

setenta y siete **77**

PRACTICA

5 a Lee esta conversación entre Belén y Mario y completa el diálogo con las siguientes expresiones.

por ejemplo • estoy de acuerdo • tú crees que • sí, eso es verdad, pero • yo creo que

Belén: ¿Sabes? Dice el periódico que cada vez hay más personas que trabajan desde casa.

Mario: ¿Desde casa? ¿Qué quieres decir?

Belén: Pues eso, personas que trabajan para una empresa, pero no van a la oficina; o van pero hacen una parte del trabajo en casa. .... es una buena idea.

Mario: ¿.................... es mejor no ir a la oficina? A mí no me gustaría trabajar desde casa.

Belén: Si tienes hijos, ..., es más fácil porque puedes estar con ellos y trabajar al mismo tiempo.

Mario: .... también es importante separar trabajo y vida personal.

Belén: Sí, claro, ... Pero a veces es difícil conciliar trabajo y familia. Trabajar desde casa puede ser una solución para mucha gente.

b 🔊 Escucha el diálogo completo y comprueba tus respuestas.

6 Completa los diálogos con tu opinión.

Yo también • Yo tampoco • Yo sí • Yo no

1. ■ Es más importante hacer un trabajo divertido que ganar dinero.
   • Estoy de acuerdo.
   ▲ ....

2. ■ Yo prefiero cambiar de trabajo cada dos o tres años que hacer siempre el mismo trabajo.
   • Pues yo no estoy de acuerdo.
   ▲ ....

3. ■ Es mejor trabajar en casa que trabajar en una oficina.
   • Estoy de acuerdo.
   ▲ ....

4. ■ El trabajo de taxista es muy duro.
   • No estoy de acuerdo.
   ▲ ....

5. ■ Ahora es muy fácil encontrar un buen trabajo.
   • Estoy de acuerdo.
   ▲ ....

6. ■ Los deportistas ganan demasiado dinero.
   • Pues yo no estoy de acuerdo.
   ▲ ....

7 Relaciona.

ser
tener
saber

paciencia
trabajar en equipo
disciplinado
estudioso
escuchar
buenos colaboradores
idiomas
escribir informes
hablar en público

8 Completa las frases. Puedes buscar en un diccionario las palabras que necesites.

1. Para ser un futbolista famoso hay que ....
2. Para ser un buen cocinero es necesario ....
3. Un buen periodista tiene que ....
4. Para ser guía turístico es importante saber ....
5. Para ser un buen policía hay que ....
6. Para ser un buen profesor no hay que ....
7. Un buen camarero tiene que ....

9 Completa las frases con las siguientes palabras.

experiencia • máster • carné • programa • parcial • contrato • salario • nivel

1. No puedo ir de vacaciones en coche porque no tengo .... de conducir.
2. Voy a hacer un .... en Dirección de Recursos Humanos en la Universidad Autónoma.
3. Tengo cinco años de .... como cocinero.
4. Tengo un .... intermedio de francés y de ruso.
5. Conozco un .... de traducción muy bueno.
6. Soy profesor de gimnasia a tiempo .... Solo trabajo por las mañanas.
7. El .... no es muy bueno, pero el trabajo es interesante.
8. Mañana voy a la nueva empresa a firmar el .... de trabajo.

10 Completa tu currículum.

Currículum vítae

DATOS PERSONALES

Nombre:

Dirección:

Teléfono:

Correo electrónico:

FORMACIÓN

EXPERIENCIA PROFESIONAL

IDIOMAS

OTROS

11 Mira las ofertas de trabajo y decide si las afirmaciones que hay a continuación son verdaderas (V) o falsas (F).

1 800 € / MES
HAZTE PROFESOR DE AUTOESCUELA
OBTÉN EL TÍTULO OFICIAL Y EMPIEZA A TRABAJAR

Infórmate **900 40 50 60** Llamada gratuita

ELECTRICISTAS
Para empresa de instalaciones eléctricas en Mérida

Interesados llamar al **924 31 56 75**

Tienda de ropa precisa
DEPENDIENTE/-A
SE REQUIERE
- Habilidad para tratar con el público.
- Facilidad para trabajar en equipo.
- Edad 20-30 años.

Interesados/-as enviar CV y foto reciente al Apdo. 8540 de Palma

DISEÑADOR GRÁFICO
SE REQUIERE:
- Dominio de InDesign, Photoshop y otros programas de diseño gráfico.
- Preferentemente de 18 a 25 años.

Interesados enviar currículum al Apdo. 5734 de Vigo o vigo@disgraf.net

	V	F
Para trabajar como profesor de autoescuela:		
• hay que llamar por teléfono al 900 60 70 80 para informarse.	☐	☐
• no hay que enviar el currículum.	☐	☐
• hay que obtener un título oficial.	☐	☐
En el trabajo de diseñador gráfico:		
• hay que conocer algunos programas informáticos.	☐	☐
• no hay que viajar.	☐	☐
• hay que enviar el currículum por fax.	☐	☐
Para trabajar en la tienda de ropa como dependiente:		
• no hay que saber tratar con el público.	☐	☐
• no hay que tener más de 30 años.	☐	☐
• hay que tener experiencia.	☐	☐
En el trabajo de electricista:		
• hay que trabajar en Mérida.	☐	☐
• hay que trabajar en equipo.	☐	☐
• no hay que enviar una foto reciente.	☐	☐

12 Escribe un anuncio para una de estas profesiones.

- Profesor(a) de inglés
- Camarero/-a
- Administrativo/-a

13 Completa con las preguntas.

¿Qué es lo mejor de este trabajo? • ¿Cuántas horas trabajas?
¿Cómo es tu trabajo? • ¿Qué haces, exactamente? • ¿Qué es lo peor de tu trabajo?
¿A qué te dedicas? • ¿Puedes conciliar tu trabajo con tu vida familiar?

1 ....
• Soy administrativa en una empresa de exportación.

2 ....
• Es un trabajo interesante porque tengo relación con gente de todo el mundo.

3 ....
• Muchas cosas, pero principalmente me ocupo de la atención a los clientes y de controlar el *stock*.

4 ....
• Cuarenta horas semanales.

5 ....
• A veces no es fácil porque tengo una niña pequeña.

6 ....
• El ambiente de la oficina y mis compañeros de trabajo.

7 ....
• El horario. Trabajo de nueve a dos y de tres a seis.

14 ⓐ Observa estos datos de 2015 sobre la situación laboral de hombres y mujeres en España.

- La tasa de actividad es del 65 % para los hombres y del 54 % para las mujeres.
- La tasa de paro actual es del 19,49 % en el caso de los hombres y del 22,52 % para las mujeres.
- Según las estadísticas, la diferencia salarial media entre hombres y mujeres es del 19 %. Esta diferencia favorece a los hombres.
- El 51,8 % de los funcionarios que trabajan en la Administración General del Estado son mujeres.
- Solamente el 14 % de los puestos directivos los ocupan las mujeres.
- En las universidades, el número de alumnas es un 4 % superior al de alumnos.
- La temporalidad en la contratación afecta más a las mujeres.
- En España hay 5352 jueces, de los cuales el 52 % son mujeres.

ⓑ ¿*Más* o *menos*? Elige la opción correcta según los datos anteriores.

1 En España hay *más* / *menos* hombres que mujeres en el mercado laboral.
2 El paro afecta *más* / *menos* a los hombres que a las mujeres.
3 Las mujeres ganan *más* / *menos*, de media, que los hombres.
4 Hay *más* / *menos* funcionarias que funcionarios en la Administración General del Estado.
5 Hay muchas *más* / *menos* mujeres que hombres en puestos directivos.
6 En la universidad estudian *más* / *menos* mujeres que hombres.
7 Los contratos de las mujeres son *más* / *menos* estables que los de los hombres.
8 En España hay *más* / *menos* juezas que jueces.

15 Unos amigos hablan sobre el trabajo, pero tienen opiniones diferentes. Observa la tabla y completa los diálogos, como en los ejemplos.

OPINIONES	¿Están de acuerdo?					
	Rosa	Kike	Pepa	Álex	Javi	Ana
Rosa: Un trabajo para toda la vida es aburrido.		No	No	No	Sí	Sí
Kike: Es mejor trabajar desde casa.	No		Sí	No	Sí	No
Pepa: La satisfacción es más importante que el sueldo.	No	Sí		Sí	No	Sí
Álex: Trabajar solo es mejor que trabajar en equipo.	Sí	No	No		Sí	Sí
Javi: Los compañeros de trabajo pueden ser buenos amigos.	Sí	Sí	Sí	Sí		No
Ana: La experiencia es más importante que la formación.	Sí	No	No	Sí	No	

1. **Rosa:** Yo creo que un trabajo para toda la vida es aburrido.
   Kike: *Yo no estoy de acuerdo.*
   Pepa: *Yo tampoco.*

2. **Kike:** Yo creo que es mejor trabajar desde casa.
   Javi: *Sí, yo estoy de acuerdo.*
   Ana: *Yo no.*

3. **Pepa:** La satisfacción profesional es más importante que el sueldo.
   Rosa: ....
   Ana: ....

4. **Álex:** Yo creo que trabajar solo es mejor que trabajar en equipo.
   Kike: ....
   Pepa: ....

5. **Javi:** Yo creo que los compañeros de trabajo pueden ser buenos amigos.
   Kike: ....
   Álex: ....

6. **Ana:** Para mí, la experiencia es más importante que la formación.
   Álex: ....
   Javi: ....

16 Lee esta noticia sobre las profesiones más valoradas por los españoles y completa las frases.

1. Es la profesión más valorada de la lista:

2. Son las profesiones más valoradas por las posibilidades de encontrar trabajo:

3. Es la tercera profesión más valorada por los españoles:

4. Es una profesión que permite desarrollar la iniciativa personal, pero no está entre las diez más valoradas:

5. Son unas profesiones muy valoradas, bien pagadas y con gran prestigio social:

6. Es la séptima profesión más valorada por los españoles:

7. Es la profesión menos valorada de la lista:

8. Ocupa el décimo lugar en la lista de las profesiones más valoradas:

9. Es una profesión más valorada que la de profesor, pero no es la profesión más valorada:

Médico y enfermero
son las profesiones más valoradas

Las profesiones más valoradas por los españoles son la de médico y la de enfermero y las que menor puntuación reciben, aunque aprueban, son las de periodista y militar, según el último barómetro del Centro de Investigaciones Sociológicas (CIS).

Los médicos obtienen la nota más alta en la valoración de los españoles (8,29), seguidos de enfermeros (7,8), profesores (7,7), arquitectos (7,4), informáticos (7,35), albañiles (7,21), fontaneros (6,99), policías (6,86), escritores (6,75) y empresarios (6,65). Por debajo de los 6,5 puntos se sitúan los jueces (6,49), los abogados (6,42), los periodistas (6,16) y los militares (5,89).

Cada profesión es valorada por un motivo diferente. Mientras que en el caso de la abogacía y la arquitectura se destaca en primer lugar que están bien pagadas y, en segundo, su prestigio social, cuando se pregunta por los médicos, los enfermeros, los profesores o los policías, los españoles destacan que son «socialmente útiles». De hecho, pocos consideran que estas profesiones, que obtienen las mejores notas, estén bien pagadas. La alta valoración que reciben las profesiones de informático, albañil y fontanero se debe, fundamentalmente, a que tienen «mayores posibilidades de encontrar trabajo». De la profesión de juez se destaca el prestigio social, mientras que, en el caso del escritor, lo que más aprecian los españoles es la posibilidad de desarrollar la iniciativa personal, característica que también resaltan, aunque en menor medida, en los empresarios y en los periodistas.

Extraído de *www.actualidad.orange.es*

AMPLÍA

17 Lee la siguiente información del gobierno de España sobre qué hay que hacer para estudiar en España si no eres español y responde a las preguntas.

1 ¿Por qué es España un destino importante para los estudiantes extranjeros?

2 ¿Qué estudiantes no necesitan visado para estudiar en España?

3 ¿Qué hay que hacer para estudiar en España durante más de seis meses?

ESTUDIAR EN ESPAÑA

Casa | Familias | Discusión | Acerca | Contacto

España tiene algunas de las escuelas de negocios más prestigiosas del mundo, además de una amplia red de universidades, y es el máximo receptor de estudiantes de intercambio dentro del programa Erasmus. Si además tenemos en cuenta que el español es la segunda lengua más hablada del mundo, nuestro país es un destino relevante en cuanto a oferta educativa.

Cómo estudiar en España

Los ciudadanos extranjeros que quieren venir a España para cursar o ampliar estudios, realizar actividades de investigación o formación, prácticas no remuneradas, participar en intercambios de alumnos o llevar a cabo servicios de voluntariado, tienen que obtener un visado. No obstante, los ciudadanos de la Unión Europea no necesitan visado

Trámites en España

Cuando la duración de la estancia autorizada es superior a los seis meses de duración, los ciudadanos extranjeros con visado para cursar o ampliar estudios, realizar actividades de investigación o formación, prácticas no remuneradas, intercambio de alumnos o servicios de voluntariado, tienen que solicitar, en el plazo de un mes desde su entrada en España, la tarjeta de estudiante extranjero ante la Oficina de Extranjeros o Comisaría de Policía correspondiente.

ALGO MÁS

18 Algunas profesiones se dicen igual en masculino y en femenino, pero otras no. Completa el cuadro con el género masculino o femenino que falta.

	Masculino	Femenino
1	arquitecto	
2		psiquiatra
3	pediatra	
4		psicóloga
5	abogado	
6		médica
7	policía	
8		bióloga
9	farmacéutico	
10		jueza
11	técnico	
12		ministra
13	traductor	
14		deportista

19 Raquel Blanco, arquitecta, quiere cambiar de trabajo. Ayúdalo a escribir un correo electrónico de presentación de su currículum con las siguientes expresiones.

soy una persona trabajadora • utilizo habitualmente programas informáticos
hablo inglés • tengo un año de experiencia • soy licenciada • tengo un máster

Estimados señores:

Me llamo Raquel Blanco y en este momento busco trabajo como arquitecta en un estudio dinámico y con futuro.

Como pueden ver en el currículum adjunto, [1] .... en Arquitectura y [2] .... en Diseño Urbano. Tengo experiencia en diseño de edificios de nueva construcción y en rehabilitación de edificios antiguos. También [3] .... en dirección de proyectos.

Como cabe esperar, conozco y [4] .... como Autocad, Photoshop, Word y Excel. En cuanto a los idiomas, [5] ...., francés y un poco de alemán.

Por último, quisiera añadir que [6] .... y muy profesional. Si lo consideran conveniente, me gustaría tener la oportunidad de entrevistarme con ustedes.

Atentamente,
Raquel Blanco Fuentes

10 RECUERDOS

OBSERVA

1 🔊 Escucha esta conversación entre Raúl y Lucía. ¿A quién corresponde la información de la tabla?

	Lucía	Raúl	Los dos
1 Hace muchas fotos cuando va de viaje.			
2 Tiene copia en papel de sus fotos favoritas.			
3 Le gustan más los vídeos que las fotos.			
4 No le gusta comprar en tiendas para turistas.			
5 Cuando va de vacaciones, compra muchos regalos.			
6 Siempre guarda los billetes.			
7 Siempre guarda las entradas.			
8 Colecciona tarjetas de hoteles y restaurantes.			

2 Aquí tienes la biografía de Shakira, una cantante muy famosa en el mundo hispano. Léela y completa el texto con las siguientes referencias temporales.

en 1998 • a los 13 años • en agosto de 1999
el 2 de febrero de 1977 • desde entonces • en 1995

Shakira nace [1] _____ en Barranquilla (Colombia). De niña escribe sus primeras canciones. [2] _____ se va a vivir a Bogotá y firma su primer contrato con Sony Music. Dos años después aparece su segundo álbum.
Antes de dedicarse totalmente a la música termina sus estudios. [3] _____ graba *Pies descalzos*, su primer éxito, y crea la fundación «Pies Descalzos» para ayudar a niños víctimas de la violencia en su país. Tres años después, [4] _____, aparece *¿Dónde están los ladrones?*, que le abre las puertas de los mercados internacionales. [5] _____ graba en directo en Nueva York *Shakira MTV Unplugged*. Gracias a este álbum gana su primer Grammy y se convierte en la nueva estrella del pop latino. En 2001, con la colaboración de Gloria Estefan, lanza *Laundry Service* con varias canciones en inglés. [6] _____ Shakira compone y canta en español y en inglés. Sus canciones son número uno en las listas de éxitos en Latinoamérica, España, Estados Unidos y en otros países del mundo.

3 ¿Recuerdas la conjugación de estos verbos en presente?

Verbos regulares		
TERMINAR	APRENDER	ESCRIBIR
termino		
	aprendes	
		escriben

Verbos irregulares				
SER	ESTAR	TENER	HACER	IR
			haces	
es				
	estamos			
		tenéis		
				van

4 ¿Qué hechos son importantes en tu biografía? Márcalos y escribe frases con la fecha como en el ejemplo.

En 2015 me fui a vivir a Buenos Aires.

☐ Nacer

☐ Ir al colegio

☐ Irse a vivir a otro país/a...

☐ Irse a vivir solo/con un amigo/con...

☐ Llegar a esta ciudad

☐ Estudiar en la universidad

☐ Terminar los estudios

☐ Empezar a trabajar

☐ Casarse

☐ Separarse

☐ Comprar/Alquilar una casa o un piso

☐ Cambiar de casa/trabajo/ciudad

PRACTICA

5 Escribe el pretérito indefinido de estos verbos. Presta atención a la ortografía.

llegar	
(yo)	
(él/ella)	

nacer	
(yo)	
(él/ella)	

ir	
(yo)	
(él/ella)	

empezar	
(yo)	
(él/ella)	

jugar	
(yo)	
(él/ella)	

hacer	
(yo)	
(él/ella)	

6 Escribe ahora la conjugación completa en pretérito indefinido de los verbos de la tabla.

Verbos regulares		
ESTUDIAR	CONOCER	RECIBIR
estudié		
	conoció	
		recibieron

Verbos irregulares				
SER	ESTAR	TENER	HACER	IR
fuiste			hiciste	
	estuvimos			
		tuvisteis		
				fueron

7 ¿Conoces a Javier Bardem? Es uno de los mejores actores del cine español. Completa estos datos de su biografía con los verbos en pasado.

Javier Bardem

- (Nacer) [1] .... en 1969 en una familia dedicada al cine.
- De joven (estudiar) [2] .... pintura en la Escuela de Artes y Oficios de Madrid y (jugar) [3] .... al *rugby* en la selección nacional.
- (Empezar) [4] .... su carrera como actor en televisión. En 1990 (debutar) [5] .... en el cine.
- En 1992 se hizo famoso con la película *Jamón, jamón*, en la que (conocer) [6] .... a Penélope Cruz.
- Dos años después, en 1994, (ganar) [7] .... su primer Goya.
- En 2000 (hacer) [8] .... su primera película fuera de España, *Antes que anochezca (Before Night Falls)*, y fue nominado al Óscar.
- En los años siguientes (recibir) [9] .... muchos premios, nacionales y extranjeros, por su trabajo en *Los lunes al sol* y *Mar adentro*.
- En 2007 (participar) [10] ...., como productor, en *Invisibles*, cinco documentales sobre personas y conflictos olvidados.
- En 2008 (obtener) [11] .... el Óscar al mejor actor de reparto y otros premios prestigiosos, como el BAFTA y el Globo de Oro, por *No es país para viejos (No Country for Old Men)*.
- En 2012 (estrenar) [12] .... su estrella en el Paseo de la Fama de Hollywood.

8 a) En un programa de radio invitan a Natalia Fernández, la ganadora de un premio literario. Relaciona las dos columnas y reconstruye la entrevista.

1. Hoy tenemos con nosotros a Natalia Fernández, la ganadora del premio Letras Mágicas de este año. Natalia, eres una escritora poco conocida… ¿En qué año naciste?
2. Sabemos que no eres española, ¿dónde naciste exactamente?
3. ¿Viviste mucho tiempo en tu país de origen?
4. ¿Y qué estudiaste? Supongo que algo relacionado con la literatura.
5. ¿Y cuándo empezaste a escribir literatura?
6. ¿Tan joven? Entonces, ¿en qué año publicaste tu primera novela?
7. Háblanos un poco de tu vida privada… ¿Estás casada?
8. Muy bien, Natalia. Pues desde aquí te deseamos mucha suerte. ¡Gracias por esta entrevista y enhorabuena por ese premio!

a. Estudié Periodismo. Pero bueno… No sé si está relacionado. Solamente trabajé como periodista durante unos meses.
b. Huy, muy pronto… A los 15 años escribí algunos cuentos para niños.
c. Pues… En 1976. Es verdad que no soy muy famosa.
d. De nada, gracias a vosotros.
e. Me casé en 2006 pero bueno… Fue un error. Nos separamos un año después. Desde entonces vivo sola.
f. En Buenos Aires, soy argentina.
g. No, no mucho, en el 85 llegué a España con mis padres. Desde entonces vivo acá.
h. Eso fue mucho más tarde, en 2003.

b) Escucha ahora la entrevista completa y comprueba tus respuestas.

9 Alicia habla de un viaje muy especial con Mónica, una nueva amiga. ¿Qué preguntas le hace Mónica?

Alicia: ¿Te cuento mi último viaje?
Mónica: ¡Sí, claro! ¿......................?
Alicia: A Chile. Es un país precioso.
Mónica: ¿Ah, sí? No lo conozco. ¿...................... fuiste?
Alicia: Hace dos meses, en diciembre… Allí es verano.
Mónica: ¿Y cuánto .... estuviste en total?
Alicia: Pues… Casi tres semanas.
Mónica: ¿...................... tú sola?
Alicia: No, no… Con mi marido. De luna de miel.
Mónica: ¡Anda, qué bien! ¿Y .... viajasteis?
Alicia: En avión y en coche. Las distancias son enormes.
Mónica: ¿Y qué .... en esas semanas?
Alicia: ¡Muchas cosas, no paramos! Primero fuimos al desierto de Atacama, después a la región de los lagos, luego a la Patagonia…
Mónica: ¿Y ....? ¿En hoteles?
Alicia: Sí, excepto un par de días en Santiago, que visitamos a mis tíos.

10 A Joaquín le gusta mucho viajar. Observa estas imágenes de algunos de sus viajes y escribe, a continuación, tres frases breves con la información de cada foto.

Crucero por el Mediterráneo — Safari en Kenia, 2001 — Semana blanca

Foto 1
¿Cuándo fue? ....
¿Cómo fue? ....
¿Con quién fue? ....

Foto 2
¿Dónde estuvo? ....
¿Con quién fue? ....
¿Cuándo fue? ....

Foto 3
¿Cuánto tiempo estuvo en la montaña? ....
¿Cuándo fue? ....
¿Con quién fue? ....

11 Escucha otra vez la conversación entre Raúl y Lucía (ejercicio 1). ¿A qué se refieren los pronombres de estas frases?

1 Lucía las selecciona y las imprime.
2 Raúl los prefiere a las fotos.
3 Lucía no las compra.
4 Raúl los compra en tiendas para turistas.
5 Raúl las guarda como recuerdo.
6 Lucía los guarda como recuerdo.

a Las tarjetas de restaurantes
b Los vídeos
c Las cosas típicas para turistas
d Los billetes de autobús
e Las fotos
f Los regalos para su familia

12 Completa los huecos con los pronombres personales de objeto directo: *lo / la / los / las.*

1 ■ ¡Estas naranjas son malísimas!
   ● Pues .... compré en la tienda de siempre...

2 ■ Oye, ¿leíste los documentos?
   ● ¿Qué documentos? Yo no .... recibí.

3 ■ Entonces, ¿qué hiciste? ¿Vendiste el piso?
   ● No, al final .... alquilé.

4 ■ Y tú, ¿dónde conociste a tu novia?
   ● ¿A Marga? .... conocí en una fiesta.

13 ¿Quién es quién? Relaciona las fotos con los nombres y los datos biográficos.

Miguel de Cervantes • Michelle Bachelet • Salvador Dalí • Ernesto Che Guevara

1 .... 2 .... 3 .... 4 ....

a .... Pintó el mundo de los sueños y la fantasía.
b .... Participó en la Revolución cubana.
c .... Su padre fue víctima del golpe militar de 1973.
d .... Nació en Figueres (España) en 1904.
e .... Murió en 1616, el mismo año que Shakespeare.
f .... Nació en Rosario (Argentina) en 1928.
g .... Estuvo varias veces en prisión.
h .... Fue un hombre excéntrico y provocador.
i .... Su primer hijo nació en el exilio.
j .... Murió en Bolivia en 1967.
k .... Escribió *El Quijote*, la primera novela moderna.
l .... Nació en Santiago (Chile) en 1951.
m .... En 1929 conoció a Gala, su musa y compañera desde entonces.
n .... Nació en 1547 en Alcalá de Henares.
o .... En 2006 se convirtió en la primera presidenta de su país.
p .... Fue un mito para su generación.

14 Mira las imágenes. ¿Qué hechos de la vida pueden representar? Inventa la vida de la persona que guarda estos recuerdos. Para ello tienes que:

- Imaginar un hecho y una fecha para cada imagen.
- Poner los hechos y las imágenes en orden cronológico.
- Escribir los datos de la biografía de tu persona imaginaria.

15 ¿Conoces al cantante colombiano Juanes? Completa los cuatro textos siguientes con la frase adecuada.

1 como una de las «100 personas más influyentes en el mundo»
2 fans marroquíes que cantaron las canciones increíblemente bien
3 el Top 10 de las listas de ventas en Estados Unidos • 4 cantar frente al Parlamento Europeo
5 organizó un concierto a beneficio de «Colombia sin Minas»
6 el artista latino de *rock* con más ventas en todo el mundo • 7 Fundación Mi Sangre
8 logrando ventas por más de cuatro millones de copias • 9 acto contra la pobreza

1

Declarado por el diario Los Angeles Times como «la figura más importante de la música latina en la última década», Juanes es ganador de 19 Grammys Latinos y nombrado por la revista *Time* (a) .... Juanes es actualmente (b) .... y el activista social más prominente del género. Su segundo álbum *Un Día Normal* logró establecer el récord como el disco con mayor tiempo en (c) .... Su tercer álbum, *Mi Sangre*, se mantuvo en las listas de popularidad durante 2 años (d) ...., llevándolo al NÚMERO 1 en los charts de toda Latinoamérica, Estados Unidos y Europa. Su gira «Mi Sangre Tour» fue el *tour* mundial más extenso montado por un artista latino presentándose frente a millones de fans en 170 conciertos en arenas y estadios de 31 países y 4 continentes. Logró el debut más alto en las listas de popularidad para un artista latino en Japón. Juanes fue el primer artista en (e) .... donde obtuvo una donación de 2,5 millones de euros para las víctimas de las minas en Colombia. Con este mismo fin, también (f) .... con su Fundación Mi Sangre.

Extraído de *www.myspace.com/juanesmyspaceoficial*

2

(g) ....

Contribuimos a la construcción de la paz en Colombia, promoviendo la educación a la primera infancia vulnerable y la rehabilitación integral de las víctimas de minas antipersonales y municiones sin explotar.

Extraído de *www.fundacionmisangre.org*

3

JUANES Y BONO PARTICIPAN EN JAPÓN EN UN (h) ....

Extraído de *www.juanesweb.com*

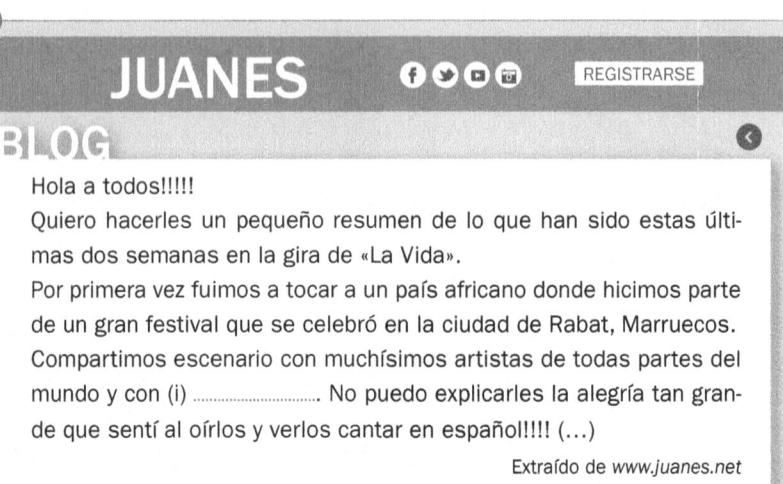

4

JUANES

BLOG

Hola a todos!!!!!
Quiero hacerles un pequeño resumen de lo que han sido estas últimas dos semanas en la gira de «La Vida».
Por primera vez fuimos a tocar a un país africano donde hicimos parte de un gran festival que se celebró en la ciudad de Rabat, Marruecos. Compartimos escenario con muchísimos artistas de todas partes del mundo y con (i) .... No puedo explicarles la alegría tan grande que sentí al oírlos y verlos cantar en español!!!! (…)

Extraído de *www.juanes.net*

AMPLÍA

16 **a** Quieres viajar a Costa Rica. Buscas información en internet y encuentras este blog:

Costa Rica... *¡Pura vida!*

Sin duda uno de los destinos más atractivos para los amantes de la naturaleza.

Este pequeño país, situado entre el Caribe y el Pacífico, es al mismo tiempo puente natural entre América del Norte y América del Sur. Si a estos factores geográficos les añadimos un clima tropical, tendremos como resultado uno de los países con mayor biodiversidad del mundo.

Costa Rica es, además, un ejemplo a la hora de combinar el desarrollo turístico con la conservación de la riqueza natural. Sus parques nacionales y áreas protegidas ocupan el 20 % del territorio. Bosques tropicales, playas, volcanes... Flora y fauna. Un auténtico tesoro.

COMENTARIOS

FRAN
Hola, yo fui a Costa Rica el año pasado, al terminar Biología. El típico viaje de fin de carrera. El caso es que en una semana aprendí más que en cuatro años en la universidad. Fue como una clase intensiva de Ciencias Naturales, in situ, en plan inmersión. Fue tan interesante que ahora estoy haciendo un máster en gestión de espacios naturales.

MAITE
Te animo a continuar, Fran. Yo estoy estudiando los efectos del calentamiento global en la biodiversidad. Hace dos años fui a Costa Rica para conocer de cerca el trabajo del Instituto Nacional de Biodiversidad... Al final estuve allí unos tres meses. Fue muy enriquecedor conocer a otros colegas, compartir ideas, proyectos... ¡Y el país me encantó! Espero volver pronto.

NACHO
¡Hola compañeros! Yo formo parte de una asociación dedicada a la defensa del medioambiente. Sobre todo queremos promover el ecoturismo como alternativa al turismo convencional. En Costa Rica la entrada a los muchos parques naturales sirve para financiar la conservación del medioambiente... ¡Os lo recomiendo!

INMA
¿Qué tal? Trabajo en una revista de divulgación científica, nos gustaría publicar en el próximo número imágenes sobre el ciclo reproductivo de las tortugas... Tal vez en las playas de Costa Rica... ¿Alguien sabe cuál es la mejor zona para hacer un reportaje de este tipo?

b Después de leer los comentarios, quién crees que es:

1 ecologista ....   2 estudiante ....   3 fotógrafo ....   4 investigador científico ....

17 Escucha de nuevo a las tres personas del ejercicio 11 **c** del libro de clase que hablan sobre sus viajes y señala qué cosas compra cada uno.

- figuritas de monumentos
- juguetes tradicionales
- cosas para la cocina
- instrumentos musicales
- cuadernos y bolígrafos
- imanes para el frigorífico

Persona 1	Persona 2	Persona 3

ALGO MÁS

18 Completa los siguientes verbos irregulares en pretérito indefinido.

	poder	poner	decir
yo		*puse*	
tú	*pudiste*		*dijiste*
él/ella/usted		*puso*	
nosotros/nosotras	*pudimos*		*dijimos*
vosotros/vosotras		*pusisteis*	
ellos/ellas/ustedes	*pudieron*		*dijeron**

*la tercera persona del plural del verbo *decir* termina en *–jeron* y no en *–jieron* como en los otros verbos irregulares

19 **ⓐ** Escribe la tercera persona del singular de los siguientes verbos en pretérito indefinido. Después, señala con una X los verbos irregulares.

1. ☒ tuve — *tuvo*
2. ☐ nací
3. ☐ trabajé
4. ☐ hice
5. ☐ terminé
6. ☐ vine
7. ☐ puse
8. ☐ alquilé
9. ☐ estuve
10. ☐ viví
11. ☐ gané
12. ☐ dije
13. ☐ vencí
14. ☐ compré

ⓑ Con un compañero leed en voz alta los verbos anteriores y subrayad la sílaba tónica como en el ejemplo. ¿Qué diferencia hay entre los verbos regulares y los irregulares? Marca la opción correcta.

A ☐ La primera y la tercera persona del plural de los verbos regulares (nosotros/-as, ellos, ellas y ustedes) tienen la sílaba tónica en la última sílaba y los irregulares en la penúltima.

B ☐ La primera y la tercera persona del singular de los verbos regulares (yo, él, ella y usted) tienen la sílaba tónica en la última sílaba y los irregulares en la penúltima.

C ☐ La primera y la tercera persona del singular (yo, él, ella y usted) de los verbos regulares tienen la sílaba tónica en la penúltima sílaba y los irregulares en la última.

20 Lee la siguiente regla de acentuación y escribe la tilde a las palabras si la necesitan.

ACENTUACIÓN

Siempre llevan tilde las palabras que llevan el acento en la última sílaba y acaban en **vocal, n** o **s**.

Por ejemplo, llevan tilde: co**mí**, fran**cés**, informa**ción**. No llevan tilde: traba**jar**, re**loj**.

1. mujer
2. puntuacion
3. azul
4. ascensor
5. calor
6. jardin
7. calefaccion
8. final
9. ciudad
10. pais
11. educacion
12. hotel
13. aleman
14. actriz
15. marroqui
16. cafe
17. salmon
18. mayor
19. nadar
20. yogur
21. region
22. corregir
23. iman
24. postal

TRANSCRIPCIONES

UNIDAD 1
PISTA 1
cero; uno; dos; tres; cuatro; cinco; seis; siete; ocho; nueve; diez.

PISTA 2
1 playa; **2** mujer; **3** teléfono; **4** guitarra; **5** restaurante; **6** perfume; **7** estación; **8** champú; **9** familia; **10** hotel.

PISTA 3
niño; zapato; casa; mamá; vino; murciélago; playa; estación; tabaco; relación.

PISTA 4
amigo; música; hospital; información; página; monumento; estación; café; metro; hombre; banco; menú.

PISTA 5
hotel; fútbol; televisión; plaza; ciudad; paella; playa; ejemplo; gente; Miguel; guitarra; profesora.

PISTA 6
1 queso; **2** familia; **3** mañana; **4** plaza; **5** noche; **6** calle; **7** rojo; **8** amigo.

PISTA 7
Conversación 1
- 'Hotel'.
- No, no, la 'hache' no suena; 'hotel', 'hola'…
- Ah, sí, 'hotel', 'hola'…

Conversación 2
- ¿Ves?, 'ce' y 'hache' siempre se pronuncia 'che'.
- ¡Ah! Claro, como en 'champú'.
- Sí, sí, pero no solo al principio…
- Claro, como en 'ocho'.

Conversación 3
- ¿La 'eñe' solo existe en español?
- Bueno, el sonido existe en muchas lenguas, pero la letra, así, no sé, creo que no.

Conversación 4
- Me gusta mucho la 'paela'…
- No, no, se dice 'paella', como 'Sevilla', 'playa'…

Conversación 5
- La 'erre', ¿siempre suena fuerte, 'erre'?
- No, también suave, como en 'Perú'.

Conversación 6
- En mi país decimos 'ese' pero en España dicen 'ce'.
- ¿También al final de palabra?
- Sí, sí…

PISTA 8
Japón; Hungría; Egipto; Marruecos; Bolivia; Etiopía; Suiza, China; Uruguay; Austria; Rusia; Suecia; Portugal; Argentina; Nigeria; Malasia; Irlanda; Jordania; Cuba; Lituania; Indonesia; Argelia; Bélgica; Guinea Ecuatorial.

PISTA 9
1
- ¿Cómo se escribe «taxi»?
- Te – a – equis – i.

2
- ¿Cómo se escribe «señor»?
- Ese – e – eñe – o – erre.

3
- ¿Cómo se escribe «zapato»?
- Zeta – a – pe – a – te – o.

4
- ¿Cómo se escribe «mujer»?
- Eme – u – jota – e – erre.

5
- ¿Cómo se escribe «llave»?
- Ele - ele – a – uve – e.

6
- ¿Cómo se escribe «coche»?
- Ce – o – ce – hache – e.

7
- ¿Cómo se escribe «gente»?
- Ge – e – ene – te – e.

8
- ¿Cómo se escribe «whisky»?
- Uve doble – hache – i – ese – ka – i griega.

9
- ¿Cómo se escribe «aquí»?
- A – cu – u – i. Con acento en la 'i'.

PISTA 10
1
- ¿Cómo se escribe «España»?
- ¿España? Con 'eñe': e – ese – pe – a – eñe – a.

2
- ¿Cómo se escribe «portugués»? ¿Así?
- No, se escribe con 'u': ge – u – e. Y con acento en la 'e'.

3
- ¿Cómo se escribe «Honduras»? ¿Con 'hache' o sin 'hache'?
- Se escribe con 'hache'. Pero no se pronuncia.

4
- ¿«Paraguay» se escribe con 'i latina'?
- No, no… Con 'i griega'.

5
- Oye, ¿cómo se escribe «vasco», con 'be' o con 'uve'?
- Con 'uve', se escribe con 'uve'.

PISTA 11
Diálogo 1
- ¿Tiene teléfono?
- Sí: noventa y uno, tres, cuarenta y ocho, sesenta y nueve, veinticinco.
- Más despacio, por favor.
- Sí, perdone: nueve, uno, tres, cuatro, ocho, seis, nueve, dos, cinco.

Diálogo 2
- ¿Su nombre?
- Roberto Mendialdea.
- ¿Cómo? ¿Puede repetir, por favor?
- Sí, Mendialdea, Roberto Mendialdea.

Diálogo 3
- ¿Cómo se escribe «thank you» *en español*?
- «Gracias».
- ¡Oh! ¡Gracias!

Diálogo 4
- ¿Cómo te llamas?
- Ainhoa.
- ¿Cómo se escribe?
- A-i-ene-hache-o-a.

UNIDAD 2
PISTA 12
Nombres de hombre: Alejo, Borja, Diego, Enrique, Germán, Gonzalo, Guillermo, Hugo, Jaime, Javier, Jorge, Juan Luis, Pelayo.

Nombres de mujer: Ángeles, Begoña, Cecilia, Charo, Chelo, Concha, Laura, Lola, Leonor, María Jesús, Pilar, Raquel, Rocío.

PISTA 13

Leila es marroquí. Wang es chino. Julio es peruano. Benazir es paquistaní. Diego es argentino. Anastasia es rusa. Hiroshi es japonés. Evelyn es inglesa. Mariana es rumana. João es portugués. Matthew es canadiense. Inayat es sudanés. Rivaldo es brasileño. Luke es keniano. Ahmed es iraquí. Pero todos viven con nosotros. Todos tienen los mismos derechos. No importa de dónde eres. No importa dónde vives. Importa la igualdad de derechos. Todos somos diferentes, pero todos somos iguales. Campaña por la igualdad. Solidaridad en acción.

PISTA 14

Diálogo 1
Álex: ¡Hola!, ¿qué tal?
Jaime: Bien. Mira, te presento a Susana, una amiga. Este es mi hermano Álex.
Susana: ¡Hola, Álex!, ¿qué tal?
Álex: Hola, encantado.

Diálogo 2
Mónica: ¡Hola!
Laura: Hola. Mira, esta es Mónica, una compañera de clase. Este es Alberto, mi compañero de trabajo.
Alberto: Hola, Mónica. Encantado.
Mónica: ¡Hola! Mucho gusto.

PISTA 15

1 ■ ¿Estás casado o soltero?
● Soltero.
2 ■ ¿Estás casado?
● No, soltero, pero vivo con mi novia.
3 ■ ¿Cómo te llamas?
● Clara, Clara Rivas.
4 ■ ¿De dónde eres?
● Soy argentina, pero vivo en Barcelona.
5 ■ ¿A qué te dedicas?
● Soy ingeniero.
6 ■ ¿A qué te dedicas?
● Soy funcionaria. Trabajo en el Ministerio de Educación y Cultura.
7 ■ ¿Eres argentino?
● ¿Argentino? No, soy venezolano, pero vivo en Barcelona.
8 ■ ¿Qué lenguas hablas?
● Francés, holandés, inglés, alemán y un poco de español.

PISTA 16

1 Hola. Me llamo Carlos Fabián y soy venezolano, de Caracas. Estudio teatro en Sevilla, en la Escuela Superior de Arte Dramático y por las noches también trabajo en un restaurante en el centro de la ciudad, de camarero, para pagarme los estudios. Ehh… estoy soltero y vivo con otros compañeros venezolanos y me presento a este *casting* porque, bueno, primero porque me gusta actuar y es lo que quiero hacer y, bueno, claro, también por el dinero.

2 Buenas tardes. Yo me llamo Diana. Soy española y tengo veintisiete años. Nací en San Sebastián, pero vivo desde siempre en Bilbao. Estoy soltera, pero vivo con mi chico desde hace un par de años. Los dos somos periodistas pero yo estoy en paro. Por eso he venido: una amiga me ha dicho que necesitaban gente para un anuncio y aquí estoy, a ver si tengo suerte.

3 Hola, buenas. Yo soy Laura Gil-Martín. Vengo porque… a mí siempre me ha gustado eso del cine y ser artista y, bueno, esta puede ser una forma de empezar, ¡quién sabe! Bueno, soy de Bocairente, un pueblo de la provincia de Alicante, y soy contable: trabajo en el departamento de contabilidad de una empresa francesa aquí, en Madrid.

PISTA 17

El supermercado Sogilam le recuerda que en nuestro «Rincón del Gourmet» puede encontrar la más completa y selecta variedad de productos nacionales y de importación a los mejores precios. Visite la sección de bebidas, donde encontrará una extensa gama de vinos españoles, franceses, chilenos o de California, así como las mejores marcas de ron cubano, vodka ruso o *whisky escocés*. Sin olvidar, por supuesto, la amplia selección de cervezas de importación, mexicanas, alemanas u holandesas. Llene de sabor y lujo sus platos degustando las mejores carnes argentinas y de Nueva Zelanda, el salmón noruego, el caviar iraní o los exquisitos quesos españoles, franceses e italianos. Sorprenda a su familia y amigos con frutas venidas de los más exóticos países: bananas de Costa de Rica, mangos de la India o papayas de Venezuela. Saboree el insuperable aroma de nuestros cafés de Colombia, Guatemala y Kenia. En nuestro «Rincón del Gourmet» los más golosos encontrarán deliciosos chocolates belgas y suizos. ¡Visítenos hoy mismo!

PISTA 18

Alejo García Castaño; Begoña Alonso Guerrero; Enrique Moreno Jiménez; Concha Gallego Ceballos; Germán Ayala Fernández; Gonzalo Llorens Sabater; Cecilia Jerez Peralta; Guadalupe Chaparro Llamas; Jaime Vañó Gil-Toresano; Javier Guillén Zabaleta; Leonor Giménez Quintana; Jorge Muñoz Minguela; Juan Luis Serrano de la Torre; María Jesús Loureiro Pereira; Raquel Guevara Hierro; Guillermo Cortés Castaño.

UNIDAD 3

PISTA 19

diecisiete; cincuenta y cuatro; ochenta y dos; treinta y cinco; once; veinticuatro; cuarenta y nueve; dieciocho; sesenta y tres; noventa y seis; treinta y uno; setenta y seis.

PISTA 20

a sesenta y cinco / setenta y cinco; **b** doce / dos; **c** catorce / cuarenta; **d** ochenta y seis / sesenta y ocho; **e** cincuenta / quince; **f** setenta y uno / sesenta y uno; **g** noventa y dos / sesenta y dos; **h** trece / treinta.

PISTA 21

a ■ ¿Cuántos libros hay?
● No sé… Unos setenta y cinco.
b ■ ¿Qué hora es?
● Las doce.
c ■ ¿Qué día es la fiesta?

- El catorce de junio.
d ■ ¿Dónde está el ejercicio?
- En la página sesenta y ocho.
e ■ ¿Cuántos alumnos hay en tu clase?
- Creo que somos quince.
f ■ ¿Dónde vives?
- En el número sesenta y uno.
g ■ ¿Cuántos años tiene tu abuela?
- Noventa y dos.
h ■ ¿Dónde es la clase de español?
- En el aula trece.

PISTA 22

Anuncio 1. Toda la información que usted necesita en un número: once, ocho, once. Para su empresa, para los profesionales, para lo que usted necesita: once, ocho, once.

Anuncio 2: ¡No lo dudes! Si necesitas información, marca siempre el once, ocho, ochenta y ocho, ¡tu número!: cines, restaurantes, discotecas, librerías, ¡tenemos todos los números que necesitas! No lo olvides: once, ocho, ochenta y ocho.

PISTA 23

Sergio Montero: Oiga, perdone, por favor...
Pepe Ruiz: ¿Sí?
Sergio Montero: Soy periodista, ¿puedo hacerle unas preguntas?
Pepe Ruiz: Sí, sí.
Sergio Montero: ¿Cómo se llama?
Pepe Ruiz: Pepe, Pepe Ruiz.
Sergio Montero: ¿Cuántos años tiene?
Pepe Ruiz: Setenta y cuatro.
Sergio Montero: ¿Viene solo a la fiesta?
Pepe Ruiz: No, no, vengo con mi nieto. Es este chico.
Sergio Montero: ¿Y por qué viene?
Pepe Ruiz: Por mi nieto. Vienen muchos niños de su edad...
(...)
Sergio Montero: Oye, ¿te puedo hacer unas preguntas? Es para un reportaje...
Laura: ¡Vale!
Sergio Montero: ¿Cómo te llamas?
Laura: Laura, me llamo Laura.
Sergio Montero: ¿Y cuántos años tienes?
Laura: Dieciocho.
Sergio Montero: ¿A qué te dedicas?

Laura: Soy estudiante.
Sergio Montero: ¿Vienes sola a la fiesta?
Laura: No, vengo con mis hermanas.
Sergio Montero: ¿Cuántas sois?
Laura: Somos tres.
Sergio Montero: ¿Y por qué venís a la fiesta?
Hermana 1: Yo, por el ambiente, y por hacer deporte.
Laura: Yo también.
Hermana 2: Pues yo vengo porque soy ecologista. ¡Y porque es una fiesta muy divertida!

PISTA 24

■ Y tú, Marta, ¿cuántos hermanos tienes?
● ¿Yo? Tres. Dos hermanos y una hermana.
■ Entonces sois cuatro.
● Sí.
■ Y tus hermanos, ¿están casados?
● Mi hermana sí y mi hermano José, el pequeño, también. Mi otro hermano está soltero.
■ ¿Tú tienes hermanos?
● No, yo soy hija única.
■ Y estás casada, ¿no?
● Sí, con un italiano. Tenemos dos hijos.
■ ¡Anda! ¿Y qué edad tienen?
● La niña doce y el niño ocho.
■ ¿Y a qué se dedica tu marido?
● Es médico, pero ahora no trabaja.

PISTA 25

Susana: Oye, Diego, ¿no tienes fotos de tus amigos?
Diego: Sí, claro.
Susana: ¿Por qué no me las enseñas?
Diego: Pues sí, mira. Tengo algunas en el móvil.
Susana: ¿A ver? ¿Estas quiénes son?
Diego: Pilar y Bea. Son hermanas.
Susana: ¿Hermanas? Son muy diferentes.
Diego: Sí, es verdad. Pilar es rubia. Bea, en cambio, es morena.
Susana: ¿Quién es la mayor?
Diego: Pilar. Tiene veintisiete años. Y mira, aquí estamos Alberto y yo.
Susana: ¿Tú?

Diego: Sí, es que en esta foto llevo gafas...
Susana: Ya veo. Oye, tu amigo... ¿Está casado?
Diego: ¿Alberto? No. Y creo que no tiene novia.
Susana: ¿De verdad? Es muy guapo.
Diego: Sí, y muy simpático. Si quieres, te lo presento.
Susana: ¿Sí? ¡Vale! ¿Cuándo?
Diego: Pues... No sé... ¡Pronto!

UNIDAD 4

PISTA 26

me; romántica; gusta; música; para; prefiero; los; escuchar; históricos; y; pero; cantantes; de; personajes; tango; selección; ópera; abstracto; brasileña; clásica; también; la; bailar; étnica; leo; culturas.

PISTA 27

Palabras con una sílaba: me, los, y, de, la. **Palabras con dos sílabas:** gusta, para, pero, tango, también, bailar, leo. **Palabras con tres sílabas:** música, prefiero, escuchar, cantantes, selección, ópera, abstracto, clásica, étnica, culturas. **Palabras con cuatro sílabas:** romántica, históricos, personajes, brasileñas.

PISTA 28

Conversación 1

■ Para ti, Carla, ¿cómo es tu fin de semana favorito? ¿Qué tipo de viaje prefieres?
● Ah, pues yo... vacaciones tranquilas. A mí lo que me gusta es ir a un sitio tranquilo y descansar. Playa, mucho sol, un buen libro para leer..., y no necesito más, la verdad... Me gusta mucho el mar, pero navegar no me gusta. Prefiero tomar el sol, pasear por la playa, tomar un café en una terraza al borde del mar... En fin, ya ves, tranquilidad.

Conversación 2

■ Bueno, Berta, cuéntame: ¿qué tipo de fin de semana prefieres tú?
● Pues mira, yo soy muy deportista y además me gusta mucho la naturaleza, así que me gustan las actividades

al aire libre: me gusta hacer *rafting*, hacer *kayak*, ir de excursión… El tenis también me gusta mucho… En fin, ya ves, hacer deporte, en general, excepto pescar. Pescar no me gusta nada, lo encuentro aburridísimo.

Conversación 3
- Y tú, Jacobo, ¿qué viaje de fin de semana prefieres?
- Pues a mí…, bueno, sobre todo, creo que me gusta visitar otras ciudades: Roma, París, Londres, Praga… ¡Hay tantos sitios interesantes!
- Ajá, ya veo: te interesa el turismo cultural. ¿Y qué cosas haces cuando estás en esas ciudades?
- Pues… un poco de todo. Depende de la ciudad. Me gusta ver museos, ir de tiendas y comprar algo –ropa, normalmente–, cenar en un buen restaurante… Si ponen algo interesante, a veces también voy a un concierto… En fin, depende del sitio.

PISTA 29
1 Oye, ¿qué haces luego? **2** ¿Te gusta la comida china? **3** Voy a tomar un café con Esteban, ¿vienes? **4** ¿Quieres cerveza con alcohol o sin alcohol? **5** ¿Te gusta escuchar la radio? **6** Voy en coche con Aurora, ¿vienes tú también? **7** ¿Te gustan los animales? **8** Bueno, ¿qué prefieres hacer? **9** Navegar me encanta. **10** ¿Quieres tomar algo?

PISTA 30
La cultura de un país tiene relación con la situación económica y política. El Ministerio español de Cultura ha publicado una encuesta de hábitos culturales en España, un estudio sobre la cultura en la sociedad. Según este estudio, escuchar música es la actividad cultural favorita de los españoles: casi un noventa por ciento lo hace. El cine es el espectáculo cultural preferido: más del cincuenta por ciento de los encuestados ha ido al cine el último año. Por otro lado, desde mil novecientos noventa ha aumentado el público del teatro: un treinta por ciento de los encuestados va al teatro a menudo. A los españoles les gusta leer: casi un treinta por ciento lee textos por placer, textos no relacionados con el trabajo. Son muy importantes los medios de comunicación. El noventa por ciento de los españoles escucha la radio, y casi el cien por ciento ve la televisión. El tiempo dedicado a ver la tele es de casi tres horas diarias. Los informativos son los programas preferidos de los españoles. También les gustan las películas, los documentales y las series.

UNIDAD 5
PISTA 31
- Oye, Jordi, tú eres de Barcelona, ¿verdad?
- Sí, ¿la conoces?
- No, no la conozco, pero dicen que es una ciudad preciosa.
- Sí, es muy bonita.
- Es bastante grande, ¿no? ¿Cuántos habitantes tiene?
- Pues no sé exactamente… Un millón seiscientos mil, más o menos.
- ¿Y cómo es?
- Pues es una ciudad antigua y muy moderna al mismo tiempo. Tiene zonas muy diferentes, como el barrio Gótico, el Ensanche, la zona olímpica, el puerto…
- Y, por ejemplo, un fin de semana, ¿qué se puede hacer en Barcelona?
- Huy, muchas cosas: pasear por las Ramblas, comer en los restaurantes del puerto, ir de compras, ir a la ópera, a los parques, a la playa…
- Y también visitar museos y monumentos, ¿no?
- Sí, claro: el museo Picasso, el parque Güell, la Sagrada Familia… Barcelona es famosa por la arquitectura de Gaudí.
- ¡Qué interesante! Oye, ¿y qué tal el transporte? ¿Está bien comunicada?
- Sí, sí. Tiene una buena red de metro, trenes, autobuses… Y un aeropuerto, el aeropuerto del Prat, que está a unos quince kilómetros.

PISTA 32
1 ■ Perdone, ¿dónde hay una discoteca?
- Aquí mismo, en la avenida de la Constitución, al lado del centro comercial.

2 ■ Perdone, ¿está lejos el ayuntamiento?
- No, no, está muy cerca, en la plaza Nueva.

3 ■ Perdone, ¿hay una estación de metro por aquí?
- Sí, enfrente del hotel Príncipe.

4 ■ Perdone, ¿sabe dónde está el hotel Príncipe?
- Sí, en la calle Libertad, a la izquierda del banco.

5 ■ Perdone, ¿hay un banco por aquí cerca?
- Sí, hay uno al final de la avenida.

6 ■ Perdone, ¿el Museo de Arte Contemporáneo está cerca de aquí?
- Sí, está en la calle Libertad, al lado de la oficina de turismo.

7 ■ Perdone, ¿dónde está la oficina de turismo?
- En la avenida de la Constitución, enfrente del centro comercial.

8 ■ Perdone, ¿sabe dónde hay un supermercado?
- Sí, hay uno en la calle Libertad, a la derecha de la farmacia.

PISTA 33
■ Bienvenidos un día más a nuestro concurso «Ciudades de Latinoamérica». Esta noche tenemos con nosotros a Beatriz Peláez Gana. ¡Un aplauso para nuestra concursante!
[Aplausos del público]
- Gracias, muchas gracias.
■ Beatriz, ¿estás preparada?
- Sí, creo que sí.
■ Ya sabes que el premio son diez mil euros por cada respuesta correcta.
- Sí.
■ Muy bien, pues…, ¡adelante! ¿Cuántos habitantes tiene San José, la capital de Costa Rica?
- Trescientos cincuenta y siete mil seiscientos.
■ ¡Correcto! ¿Cuál es la población de la capital de El Salvador, San Salvador?
- Cuatrocientos noventa y seis mil habitantes.
■ ¡Correcto! ¿Y la de la capital de Hon-

duras, Tegucigalpa?
- Uhmm… Un millón ciento ochenta y seis mil cuatrocientos.
- ¡Correcto! Ya llevas treinta mil euros. Siguiente pregunta: ¿Cuántos habitantes tiene la capital de Uruguay, Montevideo?
- Pues… creo que… un millón cuatrocientos cuarenta y nueve mil novecientos.
- ¿Estás segura?
- Sí, creo que sí.
- Pues muy bien, ¡la respuesta es correcta! ¿Qué población tiene la capital de Bolivia, La Paz?
- ¿Un millón quinientos diecisiete mil ochocientos?
- ¡Correcto! Y por último, ¿cuántos habitantes tiene Caracas, la capital de Venezuela?
- Un millón setecientos sesenta y tres mil cien.
- ¡Correcto! Enhorabuena, Beatriz. Has ganado sesenta mil euros. ¿Estás contenta?
- Sí, sí, muy contenta.
- Pues un fuerte aplauso para Beatriz.
[Aplausos del público]
- Gracias, gracias…

PISTA 34

1. - ¿Vamos al futbol el domingo?
   - Sí, venga.
   - ¿Quedamos a las seis y media en el estadio?
   - Vale, de acuerdo.
2. - ¿Jugamos al tenis mañana?
   - Sí, buena idea.
   - ¿Quedamos en las pistas de tenis?
   - Sí, perfecto, ¿a qué hora?
   - A las doce y media.
   - De acuerdo.
3. - ¿Comemos juntas el lunes?
   - ¿El lunes? Vale.
   - ¿Cómo quedamos?
   - Pues… ¿En el restaurante, a las dos?
   - Por mí, bien.
4. - ¿Tomamos un café el viernes?
   - Vale, ¿dónde quedamos?
   - ¿En la cafetería de siempre?
   - Sí, venga, ¿a qué hora?
   - Pues… Después de la clase.
   - De acuerdo.

PISTA 35

- Hola, Julia…
- Hola, ¿qué tal?
- Bien… Oye, tengo que hacer un ejercicio… ¿Me ayudas?
- Sí, claro. ¿Qué tienes que hacer?
- Es para la clase de geografía. ¿Te lo leo?
- Sí.
- Pues dice que el territorio español está formado por diecisiete comunidades autónomas y dos ciudades autónomas. Tengo que situarlas en el mapa.
- ¡Ah, bueno! Pues es muy fácil. Si quieres, podemos empezar por la Comunidad de Madrid.
- Sí, Madrid sé que está más o menos en el centro de España. Aquí, ¿no?
- Sí. La ciudad de Madrid es la capital de España y también la capital de la comunidad autónoma. Es una comunidad bastante pequeña.
- ¿Cuál es la comunidad más grande?
- Castilla y León. Está en el interior. Aquí, al lado de Madrid.
- ¿Y Castilla-La Mancha?
- También es una comunidad muy grande y también está al lado de la Comunidad de Madrid.
- ¡Ah! Entonces es esta, la número doce.
- Sí.
- Vale. Y Andalucía está en el sur, ¿no?
- Sí, en el sur. Es la segunda comunidad más grande.
- ¿Cuál es la capital de Andalucía?
- Sevilla.
- Ah, claro. ¿Y dónde está Valencia?
- A la derecha de Castilla-La Mancha, en la costa mediterránea.
- ¡Ajá! Oye, y esta comunidad grande, a la derecha de Castilla y León, ¿cuál es?
- Eso es Aragón.
- Aragón. Muy bien. Y Galicia…, ¿dónde está Galicia?
- Está en la costa atlántica, a la izquierda de Castilla y León.
- Ah, vale, aquí, ¿no?
- Sí. La capital es Santiago de Compostela.
- De acuerdo. Y esto es Cantabria, ¿verdad? El número tres.
- Sí, eso es, ¿sabes cuál es la capital?
- Pues…, no.
- Santander. Está en la costa.
- Bueno, ahora Navarra. Navarra…
- … Navarra está al lado de Francia, a la izquierda de Aragón.
- Vale. ¿Y Canarias? Sé que son unas islas, pero…, ¿dónde están exactamente?
- Bueno, en el mapa aparecen aquí, a la derecha, pero en realidad están en el océano Atlántico, cerca de la costa de África… Bastante lejos de la península.
- Ya. El número diecisiete. Muy bien. ¿Y dónde está Asturias?
- Asturias está a la izquierda de Cantabria.
- Entonces también está en la costa norte…
- Sí, al lado de Galicia.
- Y Extremadura, ¿está en el interior?
- Sí, está al lado de Portugal.
- Ah, aquí. Estupendo. Y Cataluña… Cataluña está cerca de Francia.
- Eso es, en la costa mediterránea.
- Claro. La capital es Barcelona, ¿no?
- Sí, Barcelona.
- Oye, ¿y el País Vasco? También está cerca de Francia, ¿no?
- Sí, pero en la costa atlántica. El País Vasco es la comunidad que esta entre Cantabria y Navarra.
- Ah, vale. La siguiente es Murcia… Supongo que es esta comunidad que queda aquí, en la costa mediterránea, al sur de Valencia.
- Sí.
- Y las Islas Baleares. Que también están en el Mediterráneo, ¿verdad?
- Sí, son estas islas, aquí.
- Bueno, ya solo nos queda La Rioja. Así que tiene que ser esto… En el interior, cerca de Aragón.
- Exacto, eso es, La Rioja. Es una comunidad muy pequeña.
- Oye, y las dos ciudades autónomas, ¿cómo se llaman?
- Ceuta y Melilla. Están en el norte de África, muy cerca de Andalucía… Al otro lado del estrecho.
- ¡Qué bien! Pues eso es todo… Ya

tengo todas las comunidades y las ciudades en el mapa. Muchas gracias por tu ayuda.
● De nada. Ya sabes, aquí estoy si me necesitas para otra cosa.
■ Muy bien, pues gracias.

PISTA 36
1 ■ ¿Me dice su dirección, por favor?
● Sí, plaza de la Herradura, número cuarenta. La Coruña.
■ ¿Y el código postal?
● Quince cero once.
2 ■ ¿Qué dirección pongo en el sobre?
● Calle Alcalá, número veintisiete.
■ ¿En Alicante?
● Sí, cero tres cero cero cinco.
3 ■ ¿Domicilio?
● Avenida Portugal, ochenta y cinco.
■ ¿Localidad?
● Salamanca
■ ¿Código postal?
● Treinta y siete cero cero seis.
4 ■ Perdone, ¿cuál es la dirección de la Oficina del Parlamento Europeo?
● ¿Aquí en Madrid?
■ Sí.
● Anote. Paseo de la Castellana, número cuarenta y seis.
■ ¿Y el código postal?
● Veintiocho cero cuarenta y seis.
■ Muchas gracias.

UNIDAD 6
PISTA 37
1
■ Entonces tú, Javi, ¿qué tomas normalmente por la mañana, para desayunar?
● Huy, a mí me gusta desayunar bien. Normalmente empiezo con un zumo de naranja y luego tomo algo sólido, no sé… un bocadillo de queso o algo así.
■ ¿Y no tomas café?
● Sí, claro, café con leche. O té, también me gusta el té.
2
■ Y tus hijos, ¿qué toman de merienda?
● Pues normalmente un bocadillo: de queso, de chorizo… Y algo de fruta.
■ ¿Y no toman nada dulce? No sé, galletas, chocolate…
● No, es curioso pero no les gusta el chocolate. A veces también toman un yogur, pero eso es todo.
3
■ Oye, ¿y tú qué bebes normalmente con la comida?
● ¿Yo? Agua, agua mineral, sin gas.
■ ¿Siempre agua? ¿Nunca tomas vino?
● Normalmente no, pero bueno, depende. A veces me tomo una copita de vino, sobre todo si como fuera. De vino tinto. Lo que no me gusta nada es la cerveza.
4
■ Pues yo casi no ceno, ¿tú cenas mucho?
● No, mucho no, pero siempre tomo algo.
■ ¿Sí? ¿Como qué?
● Pues depende. En verano, por ejemplo, me tomo una ensalada. En invierno es distinto: prefiero algo caliente, una sopa. Me encantan las sopas: de pollo, de pescado, de verduras…
■ Así que ensalada o sopa.
● Sí, y también tortilla, muchas veces ceno tortilla.

PISTA 38
Camarera: Buenas tardes, díganme, ¿qué van a tomar?
Luisa: Para mí, un agua mineral con gas.
Camarera: ¿Fría o del tiempo?
Luisa: Fría.
Camarera: Muy bien. ¿Y para usted?
Pablo: Yo, un zumo natural.
Camarera: ¿De naranja?
Pablo: Sí, de naranja.
Camarera: De acuerdo. ¿Quieren tomar unas tapas?
Luisa: Sí. ¿Qué tienen?
Camarera: Pues… Tenemos tortilla, calamares, chorizo, jamón serrano…
Luisa: ¿Tienen ensaladilla?
Camarera: No, hoy no.
Luisa: Bueno, pues una tapa de tortilla.
Camarera: Muy bien. ¿Algo más?
Pablo: No, nada más.
(…)
Luisa: ¡Oiga, por favor!
Camarera: ¿Sí, dígame?
Luisa: ¿Nos trae otra tapa de tortilla?
Camarera: Sí, ahora mismo.
Pablo: Y también una cerveza.
Camarera: De acuerdo.
(…)
Pablo: Por favor… ¿Nos trae la cuenta?
Camarera: Sí, enseguida.

PISTA 39
1
Periodista: Pues a ver, vamos a ver qué desayunan nuestros oyentes, y si sienten placer en este momento del desayuno. Tamara, de Sevilla, buenos días.
Tamara: Buenos días.
Periodista: Hola, Tamara, ¿qué desayunas?
Tamara: Ay, pues mira, a mí me gusta mucho desayunar…
Periodista: Sí…
Tamara: … porque estoy a dieta ahora, pero por la mañana puedo comer bien. Y me tomo mi zumito de naranja, y mi pan con aceitito de oliva y un poquito de jamón, y un café con leche bien cargadito, para empezar bien el día.
Periodista: O sea, que seguramente es una de las comidas más agradables del día, que te la comes con más ganas, ¿verdad, Tamara?
Periodista: Sí.
2
Periodista: Celi, de Las Palmas de Gran Canaria, buenos días.
Celi: Hola, buenos días.
Periodista: Hola, Celi. ¿Qué desayunas?
Celi: Pues yo desayuno…, lo primero, un café solo. Después me tomo un zumo de naranja, que me gusta mucho, y luego, mi yogur con cereales. Eso, todos los días. Y luego, los fines de semana, me encanta poner una buena mesa, con fruta (me encanta la fruta), me encanta un buen embutido, queso… Una mesa puesta, sin problemas de tiempo para desayunar, en mi terraza…
Periodista: Espectacular, sí. Eso es lo mejor.
Celi: Tener todo el día, con el periódico…, es maravilloso. Eso es empezar bien el día.

Periodista: Sí, Celi, es verdad. Una buena mesa, con bollos, mermeladas, de todo... Mmmm.

3

Periodista: Teresa, de Barcelona. Hola...

Teresa: Hola, buenos días.

Periodista: ¿Qué tal? ¿Qué nos dices?

Teresa: Mira, yo, por las mañanas, de lunes a viernes, es un desayuno rápido, corriendo... Fatal, horrible.

Periodista: Sí...

Teresa: Por eso, cuando llega el fin de semana, me encanta cuando mi pareja me trae el desayuno a la cama: con mi zumo de naranja, mi cafecito, mis tostadas... Tengo un bebé de siete meses, y me lo traigo a la cama: mientras desayuno, se me queda dormido. ¿Y tú sabes el placer, estar desayunando ahí con tu bebé al lado, con los ojitos, la sonrisa enorme...? Es un placer, es maravilloso.

Periodista: Y tanto...

UNIDAD 7

PISTA 40

1 ■ ¿Con quién vas a cenar?
● Con Fernando y su novia; vamos a tomar algo y volvemos a casa pronto.

2 ■ ¿Y vosotros? ¿Qué vais a hacer este verano?
● Pues no tenemos planes todavía, pero a mí me gustaría ir a Egipto o a Turquía o algo así.

3 ■ ¿Cuándo vamos a ir a Ligüerre de Cinca?
● Pues este año no podemos ir, porque todos los hoteles están completos.

4 ■ ¿Cómo te gustaría ir a Mallorca, en barco o en avión?
● No sé. Creo que en avión, pero es bastante caro.

5 ■ Y tú, en Sevilla, ¿dónde vas a dormir?, ¿en casa de Maite?
● No, porque ya no vive allí. Voy a un albergue que está bastante cerca del centro.

6 ■ ¿Cómo vas a reservar el hotel, por la agencia de viajes?
● Yo siempre hago las reservas por internet; es más cómodo.

PISTA 41

1 Voy a hacer café. ¿Quieres?
2 Me gustaría vivir cerca del mar.
3 Dice el hombre del tiempo que esta tarde va a llover.
4 Quiero comprar algo para Eva, pero no sé qué.
5 Quiero comprarme unas botas de esquí. ¿Adónde puedo ir?
6 Me gustaría hablar muchos idiomas. ¿Y a ti?

PISTA 42

LAS VACACIONES DE LOS ESPAÑOLES

Cerca de la mitad de los españoles pasó las vacaciones en casa durante el pasado año. El cuarenta y dos coma siete por ciento de los españoles no realizó ningún viaje de vacaciones el año pasado y los motivos principales fueron económicos, por circunstancias familiares, motivos laborales o de estudios, y de salud.

El cincuenta y siete coma tres por ciento de los españoles que sí viajó el año pasado lo hizo principalmente por España (ochenta coma siete por ciento), mientras que el diecinueve coma uno por ciento lo hizo al extranjero.

Por comunidades autónomas, Andalucía (cuarenta y cinco coma dos por ciento), Comunidad Valenciana (dieciocho coma ocho) y Cataluña (doce coma tres) acogieron a la mayor parte de los turistas españoles.

Los españoles eligieron como destino principal las ciudades, seguidas de la costa, la montaña y, en menor medida, el campo.

Los motivos para viajar expresados por los dos mil entrevistados son visitar a amigos o familiares, el paisaje, el clima, un interés histórico, la oferta lúdica, un interés cultural o el medioambiente.

En menor medida, los españoles viajaron por una oferta en el precio, por un cambio radical, por practicar deportes, por proximidad, para conocer gente o por la oferta gastronómica. La tendencia advertida en el estudio es que los españoles cada vez fragmentan más sus vacaciones, ya que más de la mitad realizó más de dos viajes al año. La mayoría disfrutó de entre dos semanas y un mes de vacaciones y la media fue de cuarenta y dos coma dos días naturales de vacaciones. Este aumento por coger menos días y más fragmentados se percibe también en su reparto a lo largo del año.

Así, aunque julio y agosto siguen agrupando la mayor parte de los días de vacaciones, un treinta y siete coma ocho por ciento viajó en el segundo trimestre del año, un veintisiete por ciento viajó en el cuarto trimestre y un veinte coma dos por ciento viajó en el primer trimestre.

Respecto a las reservas u organización del viaje, el setenta y ocho coma siete por ciento lo hace a través de una agencia de viajes, un sesenta y nueve coma uno por ciento también lo hace por su cuenta y el doce coma uno por ciento optó en alguna ocasión por internet. El automóvil (noventa y ocho coma cinco por ciento) es el medio de transporte más utilizado para realizar viajes de ocio, seguido del avión (treinta y seis coma uno), autobús (veintidós) y tren (once coma cinco).

En cuanto al alojamiento, el ochenta y uno coma ocho por ciento optó por un hotel, el cuarenta y siete coma uno también eligió en alguno de sus viajes residencias de amigos o familiares, el doce coma siete por ciento, apartamentos alquilados, y el once coma cuatro por ciento, casas rurales. Finalmente, la mayoría de los españoles elige viajar con su pareja, con amigos o con su pareja y los hijos menores. Y la satisfacción media de los viajes obtuvo una nota de ocho coma siete puntos sobre diez.

PISTA 43

Palabras que suenan con el sonido «ka»: castillo; parque; califato; Cabra; mezquita; autocar; cultural; espectaculares; Córdoba; comida.

Palabras que suenan con el sonido «zeta»: ciudad; Lucena; cena; Albaicín; centro.

UNIDAD 8

PISTA 44

1 [Ruido de un cajero automático al sacar billetes / Ruido de gente en el supermercado / Ruido de una lavadora.]

2 [Ruido de una aspiradora / Ruido de una olla exprés, de aceite en una sartén / Ruido de platos y agua.]

3 [Ruido de una ducha / Ruido de café en una cafetera y platos / Ruido de una puerta de armario y de perchas que se corren para buscar ropa.]

PISTA 45

■ ¿Dígame?
● Hola, buenos días. Llamo por el anuncio del piso para alquilar…
■ Sí, sí, dígame.
● ¿Es usted el propietario?
■ Sí, soy yo.
● ¡Ah, muy bien! Pues mire, quería pedirle un poco más de información.
■ Sí, claro. Mire, es un piso con dos dormitorios en el Cerrado de Calderón, que es una zona residencial a las afueras de Málaga…
● Sí, sí, ya conozco la zona, pero el piso ¿dónde está exactamente?
■ En la calle Olmos, al principio, en el número 28. Es un cuarto piso, con mucho sol.
● Calle Olmos…, número 28…, cuarto piso… Muy bien. Y, dígame, ¿tiene calefacción?
■ Sí, sí, claro, tiene calefacción. Y aire acondicionado, porque en verano…
● Sí, ya imagino. Oiga, y ¿cuánto piden por él?
■ Pues 1400 euros al mes, con dos meses de fianza. Si quiere también la plaza de *parking* para el coche, entonces 200 euros más, 1600.
● Bueno, lo del coche lo tengo que pensar… Dice 1400 sin *parking* y 1600 con la plaza para el coche, ¿no?
■ Sí, eso es.
● Bueno, pues, ¿podríamos concertar una cita para verlo?
■ Sí, claro. ¿Qué día le viene bien? ¿El martes, por ejemplo?
● ¿El martes? Sí, bien. A eso de las seis o seis y media, sí.
■ Bueno, tendría que ser un poco antes. ¿A las cinco y media?
● Bueno, bien, pues a las cinco y media, delante de la casa.
■ De acuerdo. Pues allí nos vemos.
● Hasta el martes.
■ Hasta el martes, adiós.

PISTA 46

1 Mi casa es mi refugio y el de mi familia, mi mujer y mis tres niños. En ella encontramos calor y alegría. Siguiendo un estilo bastante tradicional de mi país, en el interior, la casa está llena de colores muy vivos en las paredes y también en el techo: el salón es azul y naranja; el baño verde, los dormitorios en distintos tonos de rosa o amarillo y la cocina amarilla. Además, me gustan mucho los muebles y los objetos decorativos, así que tengo muchas cosas: grandes muebles de madera y muchas piezas de artesanía mexicana para llenar los diferentes espacios. Las ventanas son grandes y, además, tenemos un pequeño patio lleno de plantas y de luz… y también de color: el suelo es azul y rojo.

2 Yo soy escritor y, claro, mi casa es también mi lugar de trabajo. Por eso necesito vivir en un lugar tranquilo donde pueda concentrarme y trabajar, pero también relajarme… Para mí también era esencial tener aire fresco y mucha luz natural. Por eso para mí es perfecto este estilo de las casas de la isla… Y esta casa es así: sencilla, luminosa, nada me distrae. No tengo muchos muebles ni adornos… me gustan las formas simples, producen armonía y paz. El blanco que domina todo y los materiales naturales crean una atmósfera de comodidad y relax. Y el paisaje…, la casa con varios espacios abiertos, como habitaciones exteriores o terrazas, es parte del paisaje, una continuación de la luz del mar, que casi lo puedo sentir dentro.

PISTA 47

■ Sí, sí, ya conozco la zona, pero el piso ¿dónde está exactamente?
● Y aire acondicionado, porque en verano…

PISTA 48

■ Quería pedirle un poco más de información…
● En la calle Olmos, al principio…
■ Sí, ya imagino.
● De acuerdo. Pues allí nos vemos.
■ Hasta el martes.

UNIDAD 9

PISTA 49

Belén: ¿Sabes? Dice el periódico que cada vez hay más personas que trabajan desde casa.

Mario: ¿Desde casa? ¿Qué quieres decir?

Belén: Pues eso, personas que trabajan para una empresa, pero no van a la oficina; o van, pero hacen una parte del trabajo en casa. Yo creo que es una buena idea.

Mario: ¿Tú crees que es mejor no ir a la oficina? A mí no me gustaría trabajar desde casa.

Belén: Si tienes hijos, por ejemplo, es más fácil porque puedes estar con ellos y trabajar al mismo tiempo.

Mario: Sí, eso es verdad, pero también es importante separar trabajo y vida personal.

Belén: Sí, claro, estoy de acuerdo. Pero a veces es difícil conciliar trabajo y familia. Trabajar desde casa puede ser una solución para mucha gente.

UNIDAD 10

PISTA 50

Raúl: Oye, Lucía, ¿tú qué cosas guardas normalmente como recuerdo de las vacaciones?

Lucía: ¿Como recuerdo? Pues… ¡fotos! Cuando voy de viaje, siempre hago un montón de fotos… ¡Me encanta! Y… bueno… cuando llego a casa, las descargo en el ordenador… Y las veo, una y otra vez.

Raúl: ¿Y las imprimes?

Lucía: Sí, algunas sí. Me gusta tener

mis fotos favoritas en papel. Primero las selecciono e imprimo las que más me gustan. ¿Tú también?

Raúl: No, yo no. La verdad es que no suelo hacer muchas fotos. Prefiero el vídeo. Me gusta ver las imágenes en movimiento, capturar el sonido… No sé, me gusta más, me parece más real.

Lucía: Sí, los vídeos siempre son un buen recuerdo. A mí, lo que no me gusta nada es comprar cosas típicas. Todos esos objetos que venden para los turistas.

Raúl: ¿Entonces no compras nada cuando vas de viaje?

Lucía: Sí, sí, casi siempre compro algo. Pero otro tipo de cosas: libros, música, pequeñas obras de arte, objetos para la casa… Cosas así. Pero las compro en tiendas normales o en mercados, no en tiendas para turistas.

Raúl: ¡Ah, ya! Pues yo no puedo evitar entrar en ese tipo de tiendas. Al final siempre vuelvo de las vacaciones con camisetas, gorras, llaveros, calendarios… Normalmente no son para mí, los compro para mi familia, para mis amigos…

Lucía: Yo, en cambio, no compro muchos regalos. Pero una cosa que siempre hago es guardar los billetes, de autobús o de metro…

Raúl: Sí, yo también, los billetes y las entradas. Cuando voy a algún espectáculo, al teatro, a los museos… ¡siempre guardo las entradas! También si voy a un buen hotel o a un restaurante especial, en ese caso me llevo una tarjeta de recuerdo.

Lucía: ¿Ah, sí? Pues no es mala idea. Creo que yo también voy a hacer lo mismo.

PISTA 51

1 Hoy tenemos con nosotros a Natalia Fernández, la ganadora del premio Letras Mágicas de este año. Natalia, eres una escritora poco conocida…, ¿en qué año naciste?
c Pues… En 1976. Es verdad que no soy muy famosa.
2 Sabemos que no eres española, ¿dónde naciste exactamente?
f En Buenos Aires, soy argentina.
3 ¿Viviste mucho tiempo en tu país de origen?
g No, no mucho, en el 85 llegué a España con mis padres. Desde entonces vivo acá.
4 ¿Y qué estudiaste? Supongo que algo relacionado con la literatura.
a Estudié Periodismo. Pero bueno… No sé si está relacionado. Solamente trabajé como periodista durante unos meses.
5 ¿Y cuándo empezaste a escribir literatura?
b Huy, muy pronto… A los 15 años escribí algunos cuentos para niños.
6 ¿Tan joven? Entonces, ¿en qué año publicaste tu primera novela?
h Eso fue mucho más tarde, en 2003.
7 Háblanos un poco de tu vida privada… ¿Estás casada?
e Me casé en 2006 pero bueno… Fue un error. Nos separamos un año después. Desde entonces vivo sola.
8 Muy bien, Natalia. Pues desde aquí te deseamos mucha suerte. ¡Gracias por esta entrevista y enhorabuena por ese premio!
d De nada, gracias a vosotros.

PISTA 52

1 A mí en los viajes me gusta mucho entrar en las tiendas de regalos, bueno, sobre todo en las de artesanía tradicional y casi siempre compro el mismo tipo de cosas: instrumentos musicales, juguetes tradicionales… Por ejemplo, instrumentos tengo muchísimos: flautas, maracas, tambores… Porque, además, mis amigos, como saben que me gustan, casi siempre me traen alguno de sus viajes.
2 Yo siempre compro regalitos para la familia, claro, pero, eso sí, me gusta comprar cosas útiles, que puedan utilizar cada día y así se acordán de mí. Pues, no sé, camisetas, cosas para la cocina, delantales, paños. ¡Ah! Y también para escribir: cuadernos, bolígrafos…
3 A mí no me gusta comprar regalos en los viajes, se pierde mucho tiempo y prefiero hacer otras cosas: pasear, visitar museos… Pero, claro, a mis padres les tengo que comprar algo y siempre acabo comprando tonterías en el último minuto: imanes para el frigorífico o figuritas de monumentos…

SOLUCIONES

UNIDAD 1
Observa

1   **1** Me llamo; **2** soy; **3** de; **4** y.
2   cero; uno; dos; tres; cuatro; cinco; seis; siete; ocho; nueve; diez.
3   **1** seis; **2** cinco; **3** diez; **4** tres; **5** cuatro; **6** nueve; **7** siete; **8** ocho.
4   ⓐ Las palabras en español son: playa, mujer, teléfono, guitarra, restaurante, champú, estación, perfume, familia, hotel.
    ⓑ **1** playa; **2** mujer; **3** teléfono; **4** guitarra; **5** restaurante; **6** perfume; **7** estación; **8** champú; **9** familia; **10** hotel.
5   **masculino (EL):** teléfono, restaurante, hotel; **femenino (LA):** guitarra, playa, mujer, plaza, familia, estación, universidad.
6   **1 el** niño, **la** niña; **los** niños, **las** niñas. **2 el** compañero, **la** compañera; **los** compañeros, **las** compañeras. **3 el** amigo, **la** amiga; **los** amigos, **las** amigas.
7   **1** los autobuses; **2** los bares; **3** las casas; **4** las profesoras; **5** los profesores; **6** los ejercicios; **7** los museos; **8** las estaciones; **9** los hospitales; **10** las paginas; **11** las ciudades; **12** los hoteles; **13** los números; **14** los trenes; **15** las playas; **16** las mujeres.
8   **a - a:** casa, mamá, playa. **i - o:** niño, vino. **a - a - o:** zapato, tabaco. **e - a - i - o:** estación, relación. **u - i - e - a - o:** murciélago.

Practica

9   **1** c; **2** a; **3** b.
10 **1** te llamas; **2** se llama; **3** me llamo.
11 a – **mi** – go; **mú** – si – ca; hos – pi – **tal**; in – for – ma – **ción**; **pá** – gi – na; mo – nu – **men** – to; es – ta – **ción**; ca – **fé**; **me** – tro; **hom** – bre; **ban** – co; me – **nú**.
13 **1** queso; **2** familia; **3** mañana; **4** plaza; **5** noche; **6** calle; **7** rojo; **8** amigo.
14 **Conversación 1:** sonido "h" - hotel, hola; **Conversación 2:** sonido "ch" - champú, ocho; **Conversación 3:** sonido "ñ" - español, niño; **Conversación 4:** sonido "ll/y" - paella, Sevilla, playa; **Conversación 5:** sonido "r/rr" - radio, Perú, guitarra; **Conversación 6:** sonido "z" - diez, paz.
15 ⓐ Sí. En Bolivia, Uruguay, Argentina, Cuba y Guinea Ecuatorial.
16 Posibles respuestas: **1** "Diccionario" significa... dictionary; dictionnaire; diccionário; dizionario; worterbuch; słownik. **2** "Televisión" significa... television; télévision; televisão; televisione; fernsehen; telewizji. **3** "Restaurante" significa... restaurant; restaurant; restaurante; ristorante; restaurant; restauracja. **4** "Tenis" significa... tennis; tennis; tênis; tennis; tennis; tenis. **5** "Parque" significa... park; parc; parque; parco; park; parku. **6** "Mapa" significa... map; carte; mapa; mappa; karte; mapa. **7** "Pasaporte" significa... passport; passeport; passaporte; passaporto; reisepass; paszport.
17 **1** guitarra; **2** playa; **3** mujer; **4** teléfono; **5** autobús; **6** casa; **7** niño.
18 **1** taxi; **2** señor; **3** zapato; **4** mujer; **5** llave; **6** coche; **7** gente; **8** whisky; **9** aquí.
19 **1** España; **2** portugués; **3** Honduras; **4** Paraguay; **5** vasco.
20 ⓐ **Diálogo 1:** Más despacio, por favor; **Diálogo 2:** ¿Puede repetir, por favor? **Diálogo 3:** ¿Cómo se dice *thank you* en español? **Diálogo 4:** ¿Cómo se escribe?

Amplía

22 Posibles respuestas: **1** Habla con; **2** Escucha; **3** Lee; **4** Mira; **5** Pregunta a; **6** Observa; **7** Escribe; **8** Relaciona; **9** Completa.

Algo más

23 **1** jota, a, uve, i, e, erre; **2** be, e, a, te, erre, i, zeta; **3** erre, o, be, e, erre, te, o; **4** uve, e, erro, o, ene, i, ce, a; **5** jota, o, erre, ge, e; **6** hache, e, ele, e, ene, a; **7** pe, a, be, ele, o; **8** zeta, o, e.
25 **1** b; **2** e; **3** c; **4** a; **5** d.
26 **1** ¿Cómo te llamas? **2** ¡Hola! **3** Mi correo electrónico es: angel2003@mail.com. **4** Hola, me llamo Miquel y soy de Barcelona. **5** ¿Cuál es tu número de teléfono? **6** Mi nombre se escribe: hache, e, ele, e, ene, a.

UNIDAD 2
Observa

1   **Son nombres de mujer:** Chelo, Lola, Pilar; **Son nombres de hombre:** Borja, Jaime, Juan Luis.
2   **1** ¿A qué te dedicas? **2** ¿De dónde eres? **3** ¿Cómo te llamas? **4** ¿A qué te dedicas? **5** ¿De dónde eres? **6** ¿Cómo te llamas? **7** ¿De dónde eres? **8** ¿A qué te dedicas? **9** ¿De dónde eres?
4   **1** actriz; **2** futbolista; **3** actriz; **4** cantante; **5** cocinero; **6** escritor; **7** actor; **8** cantante.
5   Argentina-Buenos Aires; China-Pekín; Marruecos-Rabat; Francia-París; Brasil-Brasilia; Rusia-Moscú; Estados Unidos-Washington; Alemania-Berlín; Italia-Roma; España-Madrid; Japón-Tokio; Perú-Lima.
6   **1** español; **2** japonés; **3** chino; **4** inglés; **5** italiano; **6** alemán; **7** portugués; **8** árabe; **9** ruso; **10** francés.
7   hablo; hablas; habla; hablamos; habláis; hablan.

8 **1** inglés; **2** marroquí; **3** estadounidense; **4** italiana; **5** argentino; **6** japonesa; **7** australiano; **8** chino; **9** alemana.

9 a) **1** b; **2** d; **3** e; **4** c; **5** a; **6** h; **7** g; **8** f.

b) Posibles respuestas: **1** Una arquitecta diseña casas / edificios. **2** Un actor hace películas. **3** Un camarero trabaja en un restaurante. **4** Un estudiante estudia. **5** Un profesor da clases. **6** Una cantante canta canciones.

10 a) somos diferentes.

b) marroquí, chino, peruano, paquistaní, argentino, rusa, japonés, inglesa, rumana, portugués, canadiense, sudanés, brasileño, keniano, iraquí.

11 a) **-o/a**: chino / china; peruano / peruana; argentino / argentina; ruso / rusa; rumano / rumana; brasileño / brasileña; keniano / keniana; **Consonante / +a:** japonés / japonesa; inglés / inglesa; portugués / portuguesa; sudanés / sudanesa; **Invariable:** marroquí; paquistaní; canadiense; iraquí.

b) **1** Chile; **2** Austria; **3** Corea (del Norte/Sur); **4** India; **5** Australia; **6** Egipto; **7** Nueva Zelanda; **8** Tanzania; **9** Polonia; **10** Estados Unidos; **11** México; **12** Irán; **13** Sudáfrica; **14** Alemania; **15** Islandia; **16** Cuba; **17** Bélgica; **18** Marruecos.

Practica

12 b)

Diálogo 1

Álex: ¡Hola!, ¿qué tal?

Jaime: Bien. Mira, te presento a Susana, una amiga. Este es mi hermano Álex.

Susana: ¡Hola, Álex! ¿qué tal?

Álex: Hola, encantado.

Diálogo 2

Mónica: ¡Hola!

Laura: Hola. Mira, esta es Mónica, una compañera de clase. Este es Alberto, mi compañero de trabajo.

Alberto: Hola, Mónica. Encantado.

Mónica: ¡Hola! Mucho gusto.

13 **1** Estos; **2** este; **3** Estas; **4** esta; **5** Estos; **6** Estos.

14 **1** Eres; soy; **2** soy yo; Soy; **3** eres; soy yo; soy.

15 **1** c; **2** a; **3** b; **4** d.

16 **1** Shakira Isabel Mebarak. **2** Es colombiana. **3** Es cantante. **4** Sí, está casada.

17 Posibles respuestas: **1** Trabajo en una oficina. **2** Irina y Olga son unas estudiantes rusas. **3** Pancho y Lupe son unos amigos mexicanos. **4** El señor Dupont es un jubilado francés. **5** Iker es un compañero de clase. **6** Ellos son unos músicos argentinos; **7** Ellas son unas científicas holandesas. **8** Ana María es una profesora de español.

18 a) **1** ¿Estás casado o soltero? **2** ¿Estás casado? **3** ¿Cómo te llamas? **4** ¿De dónde eres? **5** ¿A qué te dedicas? **6** ¿A qué te dedicas? **7** ¿Eres argentino? **8** ¿Qué lenguas hablas?

19 a) **1** ¿Estás casado o soltero? (descendente); **2** ¿Estás casado? (ascendente); **3** ¿Cómo te llamas? (descendente); **4** ¿De dónde eres? (descendente); **5** ¿A qué te dedicas? (descendente); **6** ¿A qué te dedicas? (descendente); **7** ¿Eres argentino? (ascendente); **8** ¿Qué lenguas hablas? (descendente).

b) **estar:** estoy, estás, está; **hablar:** hablo, hablas, habla; **llamarse:** me llamo, te llamas, se llama; **dedicarse:** me dedico, te dedicas, se dedica; **ser:** soy, eres, es.

20 **1** Carlos; Fabián; venezolano (de Caracas); soltero; teatro (en la Escuela Superior de Arte Dramático de Sevilla); camarero en un restaurante; **2** Diana; –; española (de San Sebastián); soltera (vive con su novio desde hace un par de años); periodismo; periodista (en paro); **3** Laura; Gil-Martín; española (de Bocairente, Alicante); –; –; contable.

Amplía

21 a) **1** ron **cubano**; **2** vodka **ruso**; **3** whisky **escocés**; **4** vinos españoles, **franceses, chilenos** o de California; **5** cervezas de importación, mexicanas, alemanas **u holandesas**; **6** salmón **noruego**; **7** caviar **iraní**; **8** chocolates **suizos** y belgas.

22 **1** lunes; **2** martes; **3** miércoles; **4** jueves; **5** viernes; **6** sábado; **7** domingo.

23 **1** Adiós. **2** Buenos días. **3** Buenas tardes. **4** ¿Qué tal? **5** ¡Hasta mañana!

Algo más

24 María Luisa **Barreda** Ponce; Manuela Gil-Martín **Blasco**; Mari Luz **Gil-Martín Blasco**; Carlota **Vega** Barreda; Juan Antonio **Barreda Gil-Martín**.

25 a) **SONIDO [X]- Ja:** Jaime, Javier; **Ge, je:** Germán, Jerez, María Jesús; **Gi, ji:** Jiménez, Gil-Toresano, Giménez; **Jo:** Alejo, Jorge; **Ju:** Juan Luis. **SONIDO [g] - Ga:** García, Gallego; **Gue:** Guerrero, Minguela, Guevara; **Gui:** Guillén, Gillermo; **Go:** Begoña, Gallego, Gonzalo; **Gu:** Guadalupe.

b) **Sí se pronuncia la «u» en:** Guadalupe; **No se pronuncia la «u» en:** Guerrero, Minguela, Guevara, Guillén, Guillermo.

UNIDAD 3

Observa

1 A.

2 **1** abuelo; **2** madre; **3** hermanos; **4** hermana; **5** mujer; hijos; **6** marido.

3 **1** Su hermano. **2** Su abuela. **3** Su padre. **4** Su hermana. **5** Su madre.

4 **1** tía; **2** abuelo; **3** primo; **4** nieta; **5** sobrino; **6** hijo.

5 17, diecisiete; 54, cincuenta y cuatro; 82, ochenta y dos; 35, treinta y cinco; 11, once; 24, veinticuatro; 49, cuarenta y nueve; 18, dieciocho; 63, sesenta y tres; 96, noventa y seis; 31, treinta y uno; 76, setenta y seis.

6 b **a** 75; **b** 12; **c** 14; **d** 68; **e** 15; **f** 61; **g** 92; **h** 13.

7 20: veinte; 30: treinta; 49: cuarenta y nueve; 55: cin-

cuenta y cinco; 62: sesenta y dos; 70: setenta; 81: ochenta y uno; 90: noventa.
8 **Anuncio 1:** 11811. **Anuncio 2:** 11888.
9 **tener:** tengo, tienes, tiene, tenemos, tenéis, tienen; **vivir:** vivo, vives, vive, vivimos, vivís, viven.
10 **1** vives, Vivo; **2** tiene, Tiene; **3** tenéis, Tenemos; **4** vivís, vivimos; **5** tiene, tiene; **6** tiene, tiene.

Practica

11 **a** 9; **b** 3; **c** 5; **d** 6; **e** 2; **f** 1; **g** 4; **h** 7; **i** 8.
12 **1** se llama; tiene; Viene. **2** te llamas; tienes; Vienes.
13 **1** hermana; **2** sobrina; **3** nieto; **4** abuelo; **5** tía; **6** primos; **7** hermanos; **8** primo.
14 **1** Mi; **2** tu; **3** su; **4** sus; **5** Sus; **6** tus; **7** Mis; **8** su; **9** su; **10** su.
15 **1** d; **2** f; **3** g; **4** c; **5** a; **6** b.
16 **1** Tiene 74 años. / Está jubilado. / Es un poco bajo y gordo. / Está casado. / Tiene dos hijos y un nieto. **2** Tiene 18 años. / Es estudiante. / Es rubia, muy alta y delgada. / Es muy guapa. / Está soltera. **3** Tiene 42 años. / Es morena, bastante alta y gordita. / Está divorciada y tiene dos hijos.
Ser: un poco bajo / gordo / estudiante / rubia / muy alta / delgada / muy guapa / morena / bastante alta / gordita. **Tener:** 74 años / dos hijos / un nieto / 18 años / 42 años / dos hijos. **Estar:** jubilado / casado / soltera / divorciada.
17 **1** Son; **2** es; **3** es; **4** Tiene. **5** Está. **6** Es.

Amplía

19 **1** febrero; **2** junio; **3** agosto; **4** septiembre; **5** diciembre; **6** enero; **7** octubre; **8** marzo; **9** abril; **10** noviembre; **11** mayo; **12** julio.
20 Posibles respuestas: Nombre: **Carolina**; Apellidos: **López García**; Fecha de llegada: **23/01/09**; Fecha de salida: **27/01/09**; Fecha de nacimiento: **15/08/68**; Lugar de nacimiento: **San Sebastián**; N.º de DNI o pasaporte: **35.720.694-B**; Correo electrónico: **clg@yuppi.com**; Teléfono de contacto: **699581542**; Firma del cliente: *Carolina LG*.
21 **1** c; **2** e; **3** b; **4** a; **5** f; **6** d.
22 **1** título a / texto 4; **2** título d / texto 2; **3** título c / texto 1; **4** título b / texto 3.

Algo más

23 **Dos españoles:** Hola, ¿cómo te **llamas**? / Alberto, ¿y **tú**? / Sandra. / ¿De dónde **eres**? / Soy de Madrid. ¿Y **tú**? / De Sevilla. / ¿Cuántos años **tienes**? / Veintidós, ¿y **tú**? / Diecinueve. / ¿Qué idiomas **hablas**? / Español, inglés y francés. / ¿Y dónde **vives**? / Vivo en Madrid. **Dos argentinos:** Hola, ¿cómo te **llamás**? / Alberto, ¿y **vos**? / Sandra. / ¿De dónde **sos**? / Soy de Buenos Aires. ¿Y **vos**? / De Córdoba. / ¿Cuántos años **tenés**? / Veintidós, ¿y **vos**? / Diecinueve. / ¿Qué idiomas **hablás**? / Español, inglés y francés. / ¿Y dónde **vivís**? / Vivo en Montevideo.
24 **hablar:** hablas; hablás; **tener:** tienes; tenés; **vivir:** vives; vivís; **ser:** eres; sos; **llamarse:** te llamas; te llamás.
25 **1** ¿Ustedes tienen hijos? **2** ¿Hablan español? **3** ¿Cómo se llaman? **4** ¿Vienen solos a la fiesta? **5** ¿Viven en España? **6** ¿Cuántos años tienen?

UNIDAD 4

Observa

1 **1** jugar; **2** ver; **3** ir; **4** hacer; **5** ir; **6** leer; **7** ver; **8** ir; **9** salir; **10** escuchar; **11** hacer; **12** ir.
3 **1** Bares / Discotecas. **2** Deportes. **3** Cine. **4** Música. **5** Arte. **6** Tiendas. **7** Restaurantes. **8** Cursos. **9** Discotecas. **10** Deportes. **11** Teatro.
Luis Jiménez del Olmo: las secciones de cine, teatro, arte y deportes. **Paloma Martín:** las secciones de arte, restaurantes, teatro, tiendas y deportes. **Miquel Milá:** las secciones de música, bares, discotecas, cine, tiendas y deportes.
4 **1** cocinar; **2** pescar; **3** leer; **4** esquiar; **5** jugar al golf; **6** correr; **7** hacer fotos; **8** ir al gimnasio.
5 **leer:** leo, lees, lee, leemos, leéis, leen; **ver:** veo, ves, ve, vemos, veis, ven; **ir:** voy, vas, va, vamos, vais, van.
6 Posibles respuestas: **1** Juego al tenis dos o tres veces por semana. **2** Casi nunca voy al teatro. **3** A veces voy a bailar con amigos. **4** Leo casi todos los días. **5** Me gusta ir a la discoteca una vez por semana. **6** Hago deporte todos los días. **7** Normalmente, leo el periódico por la mañana. **8** Voy de excursión todos los fines de semana. **9** A veces paseo por la playa. **10** No tomo nunca vino, prefiero cerveza. **11** Siempre veo la televisión por la noche. **12** Los domingos voy al campo.

Practica

8 **1** Me gusta; **2** Me gustan; Me gusta; **3** Me gusta; Me gustan; me gusta; **4** me gusta; **5** me gusta; me gustan; **6** Me gusta; me gustan; me gusta.
9 **Palabras con una sílaba:** me, los, y, de, la. **Palabras con dos sílabas:** gus-ta, pa-ra, pe-ro, tan-go, tam-bién, bai-lar, le-o; **Palabras con tres sílabas:** mú-si-ca, pre-fie-ro, es-cu-char, can-tan-tes, se-lec-ción, ó-pe-ra, abs-trac-to, clá-si-ca, ét-ni-ca, cul-tu-ras. **Palabras con cuatro sílabas:** ro-mán-ti-ca, his-tó-ri-cos, per-so-na-jes, bra-si-le-ña.
10 **1** Me encanta. **2** Me gusta mucho. **3** Me gusta bastante. **4** No me gusta mucho. **5** No me gusta nada.
11 **1** Me gusta; **2** Me encanta; **3** No me gusta mucho; **4** No me gusta nada; **5** Me gusta mucho; **6** Me encanta.
12 **1** gusta; **2** gustan; **3** gusta; **4** gustan; **5** gustan; **6** gusta.
13 **Nombre de persona:** conversación n.º 1: Carla; conversación n.º 2: Berta; conversación n.º 3: Jacobo. **Prefiere el viaje a…:** conversación n.º 1: Tenerife; conversación n.º 2: Ribadesella; conversación n.º 3: Barcelona.
Carla: pasear por la playa, descansar, leer, tomar un

café, tomar el sol. **Berta:** hacer deporte, ir de excursión, hacer *rafting* y *kayak*, jugar al tenis. **Jacobo:** comprar ropa en tiendas, ir a un concierto, visitar museos, ir a un restaurante.

14 ⓐ **1** a; **2** b; **3** a; **4** a; **5** b; **6** b; **7** a; **8** a; **9** b; **10** b.
ⓑ **1** Oye, ¿qué haces luego? **2** ¿Te gusta la comida china? **3** Voy a tomar un café con Esteban, ¿vienes? **4** ¿Quieres cerveza con alcohol o sin alcohol? **5** ¿Te gusta escuchar la radio? **6** Voy en coche con Aurora, ¿vienes tú también? **7** ¿Te gustan los animales? **8** Bueno, ¿qué prefieres hacer? **9** Navegar me encanta **10** ¿Quieres tomar algo?

15 ⓐ **1** preferir; **2** salir; **3** querer; **4** tener; **5** hacer; **6** jugar.
ⓑ **jugar:** juego, juegas, juega, jugamos, jugáis, juegan; **hacer:** hago, haces, hace, hacemos, hacéis, hacen; **tener:** tengo, tienes, tiene, tenemos, tenéis, tienen; **querer:** quiero, quieres, quiere, queremos, queréis, quieren; **salir:** salgo, sales, sale, salimos, salís, salen; **preferir:** prefiero, prefieres, prefiere, preferimos, preferís, prefieren.

16 **1** hacer; **2** hacer; **3** jugar al; **4** jugar al; **5** hacer; **6** hacer; **7** jugar al; **8** hacer; **9** jugar al.

17 **1** ¿Cenamos en casa? Tengo espaguetis, ¿te gustan? Besos. **2** Vale, en tu casa a las 10. Los espaguetis me gustan bastante, pero prefiero el caviar. **3** Caviar no tengo, ¡y no me gusta nada! Pero no hacemos espaguetis si no quieres. ¡Ah! Mejor a las 9.30.

Amplía

18 La cultura de un país tiene relación con la situación económica y política. El Ministerio de Cultura español ha publicado una encuesta de hábitos culturales en España, un estudio sobre la cultura en la sociedad. Según este estudio, escuchar música es la actividad cultural favorita de los españoles: casi un 90 % lo hace. El cine es el espectáculo cultural preferido: más del 50 % de los encuestados ha ido al cine el último año.
Por otro lado, desde 1990 ha aumentado el público del teatro: un 30 % de los encuestados va al teatro a menudo.
A los españoles les gusta leer: casi un 30 % lee textos por placer, textos no relacionados con el trabajo.
Son muy importantes los medios de comunicación. El 90 % de los españoles escucha la radio, y casi el 100 % ve la televisión. El tiempo dedicado a ver la tele es de casi tres horas diarias. Los informativos son los programas preferidos de los españoles. También les gustan las películas, los documentales y las series.

20 **1** Museos; **2** Música; **3** Conferencias; **4** Teatros; **5** Exposiciones; **6** Cines.

Algo más

22 **1** ¿Qué haces los fines de semana? **2** ¿Cuántos años tienes? **3** ¿Cuál es tu número de teléfono? **4** ¿De dónde eres? **5** ¿Qué idioma hablas? **6** ¿Cómo te llamas? **7** ¿Quiénes son estas chicas? **8** ¿A qué te dedicas?

23 **1** holandés; marzo; **2** junio; julio; **3** italiana; alemán; rumana; **4** viernes; sábado; **5** paquistaní; urdu; inglés; español; **6** lunes.

UNIDAD 5

Observa

1 ⓐ **1** Es; **2** Es; **3** tiene; **4** está; **5** está; **6** tiene; **7** está.

3 **1** cine; **2** tienda; **3** hospital; **4** aparcamiento; **5** gasolinera; **6** oficina de turismo; **7** colegio; **8** gimnasio; **9** museo; **10** parque.

4 **1** muy; muchos; muy; muchos; mucha; **2** muy; mucho; muchos; mucha; **3** muy; muy; muy; muchos; **4** muy; muy; mucha; muchas.

6 ⓐ **1** d; **2** a; **3** g; **4** e; **5** c; **6** b; **7** f.

7 **1** enfrente; **2** a la izquierda; **3** a la derecha; **4** al final; **5** entre.

Practica

8 ⓐ **1** hay (f); **2** está (c); **3** hay (h); **4** está (d); **5** hay (a); **6** está (b); **7** está (e); **8** hay (g).

9 ⓐ **1** hay; **2** está; **3** están.
ⓑ **1** está; **2** está; **3** hay; **4** Hay; **5** hay; **6** están.

10 ⓐ **1** Sevilla está a ciento cuarenta y nueve kilómetros de Cádiz. **2** Girona está a novecientos ochenta y cinco kilómetros de Córdoba. **3** Ávila está a quinientos veintitrés kilómetros de Alicante. **4** Valencia está a trescientos setenta y nueve kilómetros de Toledo. **5** Madrid está a setecientos veinticinco kilómetros de Girona. **6** Toledo está a cuatrocientos tres kilómetros de Alicante.
ⓑ **1** Sevilla está bastante cerca de Córdoba (a 140 km). **2** Girona está muy lejos de Cádiz (a 1237 km). **3** Toledo está muy cerca de Madrid (a 70 km). **4** Valencia está bastante lejos de Madrid (a 350 km). **5** Toledo está bastante cerca de Ávila (a 136 km).

11 **San José:** 357 600; **San Salvador:** 496 000; **Tegucigalpa:** 1 186 400; **Montevideo:** 1 449 900; **La Paz:** 1 517 800; **Caracas:** 1 763 100.

12 ⓐ 105; 210; 2800; 340; 124; 708; 12 600; 3560; 86 900; 450 500
ⓑ **100:** cien; **101:** ciento uno; **105:** ciento cinco; **200:** doscientos/-as; **300:** trescientos/-as; **400:** cuatrocientos/-as; **500:** quinientos/-as; **600:** seiscientos/-as; **700:** setecientos/-as; **800:** ochocientos/-as; **900:** novecientos/-as; **1000:** mil; **1020:** mil veinte; **2000:** dos mil; **10 000:** diez mil; **100 000:** cien mil.

13 [13.15] A la una y cuarto; [18.25] (Son) Las seis y veinticinco; [21.45] Sí, (es) a las diez menos cuarto; [19.20] A las siete y veinte; [16.30] A las cuatro y media; [12.55] Sí, (es) la una menos cinco; [19.50] Pues… ¿A las ocho menos diez en la puerta del cine?

14 ⓐ **1** ¿Vamos al fútbol el domingo?; ¿Quedamos a las 18:30 en el estadio? **2** ¿Jugamos al tenis mañana?; ¿Quedamos en las pistas de tenis?; A las 12:30. **3** ¿Comemos juntas el lunes?; ¿Cómo quedamos? **4** ¿Tomamos un café el viernes?; ¿En la cafetería de siempre?; Después de la clase.

15 ⓐ **1** Juan Antonio Martínez; **2** Visita a mi ciudad; **3** ¡Hola, María!; **4** ¿Qué tal estás?; **5** Un abrazo.
ⓑ un barrio; una plaza; un museo; un parque.

Amplía

16 10 Madrid; 7 Castilla y León; 12 Castilla-La Mancha; 15 Andalucía; 13 Valencia; 8 Aragón; 1 Galicia; 3 Cantabria; 5 Navarra; 17 Canarias; 2 Asturias; 11 Extremadura; 9 Cataluña; 4 País Vasco; 16 Murcia; 14 Baleares; 6 La Rioja; 18 Ceuta y Melilla.

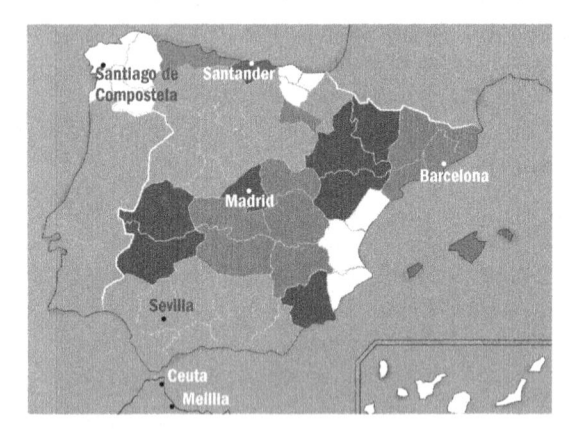

17 **1** d; **2** c; **3** a; **4** b.
18 **1** claro; De nada; **2** Oiga; **3** Lo siento; **4** por favor; Muchas gracias.

Algo más

19 ⓐ **1** C/ (Calle); n.º (número), 1.er (primer piso); 2.ª (segunda); dcha. (derecha); Tel. (Teléfono); **2** Avda. (Avenida); n.º (número), 2.º (segundo piso); 3.ª (tercera puerta); Tel. (teléfono).
ⓑ **1** P.º de Unamuno, n.º 37, 3.er, 3.ª; **2** Avda. Diagonal, n.º 165, 1.er, 2.ª; **3** Pza. del Comercio, n.º 2, 3.er, 2.ª dcha.; **4** C/ Providencia, n.º 26, 1.er, 1.ª izqda.

20 **1** Pza.; n.º; **2** c/; n.º; Alicante; **3** Avda. Portugal, n.º 85; Salamanca; 37006; **4** P.º de la Castellana, n.º 46; 28046 Madrid.

UNIDAD 6

Observa

1 **desayunar:** desayuno, desayunas, desayuna, desayunamos, desayunáis, desayunan; **comer:** como, comes, come, comemos, coméis, comen; **merendar:** meriendo, meriendas, merienda, merendamos, merendáis, meriendan; **cenar:** ceno, cenas, cena, cenamos, cenáis, cenan.

2 **1** cenáis; **2** desayunan; **3** comes; **4** meriendo; **5** cenamos; merendamos; **6** come.

3 **1** un plato combinado; **2** una paella; **3** una hamburguesa; **4** un yogur; **5** un bocadillo; **6** unas patatas fritas; **7** unos calamares; **8** una tortilla de patatas; **9** una ensalada; **10** unos huevos; **11** una tarta; **12** una sopa.

4 Posibles respuestas: **1** aceite; pescado; verduras; arroz; **2** aceite; verduras; pasta; **3** pescado; verduras; arroz; **4** aceite; azúcar; leche; huevos; fruta; **5** aceite; carne; huevos; verduras; **6** azúcar; leche; huevos; fruta.

5 **café/té:** con leche; con azúcar; sin azúcar; **agua:** con gas; sin gas; **vino:** blanco; rosado; tinto.

6 **1** c; **2** b; **3** a; **4** b.

7 Posibles respuestas: sopa de pescado; ensalada de verduras; bocadillo de pan; tortilla de patatas; tarta de chocolate; filete de carne; zumo de fruta.

8 **1 (A mí)** no **me** gusta nada comer fuera de casa. **2** ¿Te **gustan** los bocadillos de queso? **3** Me encanta la paella. **4** Me **gustan** bastante las albóndigas. **5 (Yo)** prefiero el pescado, me gusta más. **6 (A mí)** no **me** gusta mucho la cerveza. **7** ¿Te gusta **la** tortilla de patatas? **8** Me encanta **desayunar** huevos con jamón. **9 (A mí)** me gusta mucho la sopa. **10** Me gusta bastante el pollo con arroz. **11** ¿Normalmente, qué **prefieres**, te o café? **12** Me **encantan** las tartas de chocolate.

Practica

9 **1** c; **2** h; **3** b; **4** a; **5** d; **6** e; **7** f; **8** g.
10 **1** Usted; **2** Tú; **3** Usted; **4** Usted; **5** Tú; **6** Tú; **7** Usted; **8** Tú; **9** Tú; **10** Usted.
11 **1** hacéis; os dedicáis; **2** sois; os llamáis; **3** Venís; **4** preferís; **5** vais; **6** estáis.
12 **1** son; **2** conocen; quieren; **3** son; tienen; **4** van; **5** saben; **6** pueden.
13 ⓐ **a** 5; **b** 4; **c** 2; **d** 1; **e** 7; **f** 3; **g** 6.
14 **1** A veces tomo un aperitivo antes de comer. **2** Mi hermana nunca come carne roja. **3** Nosotros tomamos huevos tres veces a la semana. **4** Mi abuelo siempre toma la comida sin sal. **5** Mis hijos toman fruta casi todos los días. **6** A veces tomamos un chocolate caliente en un bar. **7** Mis amigos siempre beben cerveza sin alcohol. **8** Mi madre toma sopa de verduras todos los días. **9** En mi familia cenamos pescado tres o cuatro veces al mes. **10** Nunca tomo hamburguesas de pescado.
15 **De primero:** sopa, ensalada; **De segundo:** filete de pollo, pescado a la plancha; **De postre:** fruta, tarta.
16 Mesa 2.
18 **1** Tiene que dormir más. **3** Tiene que salir menos por la noche. **3** Tiene que ir más a la biblioteca. **4** Tiene que estudiar más. **5** Tiene que ver menos la tele. **6** Tiene que hablar menos por teléfono. **7** Tiene que hacer más deporte. **8** Tiene que comer menos bocadillos. **9** Tiene que comprar menos ropa. **10** Tiene que visitar más a sus padres.
19 Posibles respuestas: **1** tomate; queso; **2** jamón; queso; **3** pasta; arroz; **4** patatas; arroz; **5** leche; limón; **6** naranja; piña; **7** pescado; verduras; **8** mantequilla; mermelada.

Amplía

20 ⓐ Con el desayuno.
ⓑ **1** República Dominicana; **2** Venezuela; **3** México; **4** Venezuela; **5** República Dominicana; **6** México;

7 México; **8** República Dominicana.
Los tres desayunos tienen en común que son variados, que incluyen café con leche, etc.

21 **1** V; **2** F; **3** F; **4** V; **5** V.

22 **Tamara:** zumo de naranja; pan con aceite de oliva y jamón; café con leche. **Celi.** café solo; zumo de naranja; yogur con cereales; el fin de semana, fruta, embutido y queso. **Teresa:** entre semana, un desayuno rápido; el fin de semana, zumo de naranja, café y tostadas.
El desayuno más completo es el de Celi.

23 **El Malecón:** 2, 3; **El Mariachi:** 2, 7, 8; **Templo del Sol:** 1, 2, 4, 5; **La Pampa:** 1, 3, 6, 7, 9.

Algo más

24 **Legumbres:** alubias; garbanzos; lentejas. **Frutas:** pera; manzana; piña; plátano; fresa; melocotón. **Verduras:** pimiento; cebolla; calabaza; berenjena; zanahoria.

26 **1** tú; **2** Qué; **3** sé; **4** él; **5** que; **6** cómo; tu; **7** mí; el; **8** Qué; **9** mi; **10** qué; **11** Estas; **12** Sí; se.

UNIDAD 7
Observa

1 **1** cerca; **2** islas; **3** natural; **4** agua; **5** tranquilas; **6** paisajes; **7** camping.

2 **1** hace frío; **2** hace sol; **3** nieva; **4** hace calor; **5** hace viento; **6** hay tormenta; **7** llueve.

4 **1** está en el centro; **2** está en el este; **3** está en el norte; **4** está en el norte / oeste; **5** está en el sur; **6** está en el norte / este; **7** está en el norte; **8** está en el centro; **9** está en el este / sur; **10** está en el norte.

5 Para mañana se esperan lluvias abundantes en Colombia, Venezuela y el norte de Brasil, con temperaturas máximas que oscilarán entre los 19 grados de Bogotá y los ~~27~~ **28** de Caracas.
En la costa del océano Pacífico, lucirá el sol en Santiago de Chile, y habrá ~~tormentas~~ **sol y nubes** en Lima y todo el Perú. Sol también en Bolivia y en la capital, La Paz, con temperaturas frías por la noche, que pueden alcanzar los 0 grados de mínima.
En la costa del océano Atlántico, temperaturas moderadas que alcanzarán los 17 grados de máxima en São Paulo y 20 grados en Río de Janeiro, y entre 15 y 16 grados en Montevideo y Buenos Aires. ~~Nieve~~ **Lluvia** en Tierra de Fuego y el sur de Argentina.

Practica

8 ⓐ **1** ¿**Con** quién vas a cenar? **2** ¿Y vosotros? ¿Qué **vais** a hacer este verano? **3** ¿Cuándo vamos **a** ir a Ligüerre de Cinca? **4** ¿Cómo te gustaría **ir** a Mallorca, en barco o en avión? **5** Y tú, en Sevilla, ¿dónde **vas** a dormir?, ¿en casa de Maite? **6** ¿Cómo vas **a** reservar el hotel, por la agencia de viajes?
ⓑ **a** 4; **b** 2; **c** 5; **d** 1; **e** 6; **f** 3.

10 ⓐ y ⓑ **1** d – ■ Voy a hacer café. ¿Quieres? ● No, gracias, ahora no. **2** b – ■ Me gustaría vivir cerca del mar. ● Sí, a mí también, pero en un pueblo pequeño. **3** a – ■ Dice el hombre del tiempo que esta tarde va a llover. ● ¡Imposible! ¡Pero si no hay ni una nube! **4** f – ■ Quiero comprar algo para Eva, pero no sé qué. ● ¿Por qué no le compras algo de música? A ella le gusta mucho la música. **5** c – ■ Quiero comprarme unas botas de esquí. ¿Adónde puedo ir? ● En la calle Arenal hay una tienda de deportes. Mira allí, probablemente tengan. **6** e – ■ Me gustaría hablar muchos idiomas. ¿Y a ti? ● Bueno, yo soy traductor y hablo ruso, polaco, alemán y español.

11 **1** d; **2** h; **3** g; **4** b; **5** a; **6** e; **7** c; **8** f.

12 **1** ¿Cuándo vas a ir a Sevilla? **2** ¿Cómo vas a ir? **3** ¿Qué vas a hacer? **4** ¿Con quién vas a ir?

13 ⓐ Algunas posibles respuestas son (de norte a sur y de oeste a este):
- En el noroeste / En Galicia llueve.
- En Castilla León hay tormenta.
- En el Pirineo aragonés / En Huesca nieva.
- En el noreste / En Cataluña hace sol.
- En el suroeste / En el oeste de Andalucía hace sol.
- En las islas Canarias hace sol.

15 ⓐ 1.ᵉʳ día (por la mañana): 3; 1.ᵉʳ día (por la tarde-noche): 2; 2.º día (por la mañana): 1; 2.º día (por la tarde-noche): 4.
ⓑ **1** calor; **2** excursión; **3** ver/visitar; **4** en; **5** dormimos/nos quedamos; **6** de; **7** a.

16 **1** en bicicleta; **2** moto; **3** en coche; trenes; **4** en barco; **5** en avión.

18 ⓐ **1** viajar; **2** alojarse; **3** salir; **4** llegar; **5** llover; **6** nevar; **7** descansar; **8** visitar; **9** desconectar.
ⓑ **1** lluvia; **2** alojamiento; **3** salida; llegada; **4** descanso; **5** nieve; **6** visita.

19 **1** Santiago de Cuba; **2** Ciego de Ávila; **3** Varadero; **4** Pinar del Río; **5** Cienfuegos.

Amplía

20 **¿Dónde pasan las vacaciones?** En España: 80,7 % / En el extranjero: 19,1 %. **¿Cuáles son sus destinos preferidos?** Andalucía: 45,2 % / Cataluña: 12,3 %. **¿Cómo hacen las reservas?** Por cuenta propia: 69,1 % / Por internet: 12,1 %. **¿Cómo viajan?** En coche: 98,5 % / En avión: 36,1 % / En tren: 11,5 %. **¿Dónde se alojan?** En hoteles: 81,8 % / En apartamentos alquilados: 12,7 % / En casas rurales: 11,4 %.

21 **1** navegador; **2** contraseña; **3** chatear; **4** selfie; **5** descargar; **6** carpeta.

Algo más

22 **1** temporal; **2** viento; **3** billete; **4** reportaje; **5** lunes; **6** día; **7** kilómetro; **8** tiempo; **9** descargar.
Posibles respuestas: **1** hotel; **2** oeste; **3** moto; **4** carpeta; **5** febrero; **6** viento; **7** laguna; **8** otoño; **9** visitar.

23 ⓐ **Sonido [k]:** castillo, parque, califato, Cabra, mezquita, autocar, cultural, espectaculares, Córdoba, comida.

Sonido [θ]: ciudad, Lucena, cena, Albaicín, centro.
c) a; o; u; e; i; e; i.

UNIDAD 8
Observa

1 **A** 2; **B** 4.
2 **1** d; **2** b; **3** h; **4** c; **5** a; **6** e; **7** f; **8** g.
3 **a) 1** un sillón; **2** una mesa; **3** un sofá; **4** una estantería; **5** una silla; **6** un armario; **7** una nevera; **8** una bañera; **9** una cama; **10** una lavadora.
   b) Posibles respuestas: **El salón:** una mesa, un sillón, una silla, un sofá, una estantería. **El dormitorio:** una mesa, una cama, una silla, un armario, una estantería. **La cocina:** una mesa, una lavadora, una silla, un armario, una nevera, una estantería. **El baño:** una estantería, una bañera, una lavadora.
4 **1** Cuarto de baño *Newbath*, con **bañera** *Deluxe*, 2899 €; **2** Dormitorio *Bedtime*, con **cama** *Comfort* 200 x 160 cm, 1699 €; **3** Salón *Livingstyle*, con **sofá** *Longleather* y mesa de cristal *Glassy*, 3499 €.
5 **1** negro; amarillas; blanca; verde; naranjas; marrón; gris; **2** verde; azul; marrón; rojas; gris; naranja.

Practica

6 **1** c; **2** a; **4** d; **5** b.
7 **En un cine, durante la película...:** No se puede hacer ruido; No hay que dormirse. **En un gimnasio, durante las clases:** Hay que hacer las actividades que propone el monitor; No se puede molestar a los compañeros.
8 **1** c; **2** a; **3** b; **4** d.
9 **1** Ese; **2** Esa; **3** Esas; **4** eso; **5** eso; **6** Ese; **7** Esos; **8** esa.
12 **1** b; **2** e; **3** d; **4** f; **5** a; **6** c.
13 **1** Lava la ropa; Va al supermercado; Va al banco. **2** Lava los platos; Hace la comida; Limpia la casa. **3** Se viste; Se ducha; Desayuna.
14 **a) 1** c; **2** a; **3** b.
   b) levantarse: me levanto, te levantas, se levanta, nos levantamos, os levantáis, se levantan; **acostarse:** me acuesto, te acuestas, se acuesta, nos acostamos, os acostáis, se acuestan; **vestirse:** me visto, te vistes, se viste, nos vestimos, os vestís, se visten; **dormir:** duermo, duermes, duerme, dormimos, dormís, duermen.
16 **1** Mi casa está bien comunicada. **2** Vivo en un piso que está muy cerca del centro. **3** Mi abuela vive en un edificio muy moderno. **4** Mi calle es muy tranquila. **5** Busco un piso amueblado. **6** El alquiler es muy caro.
17 **a)** Hablan del piso n.º 2 (Málaga – Cerrado de Calderón).
   b) Dirección: Calle Olmos, 28, 4.º piso. **Calefacción:** Sí. **Precio con** *parking* / **sin** *parking*: 1600 € / 1400 €; **Cita:** El martes, a las cinco y media, delante de la casa.

Amplía

19 **a)** La casa que está en las Islas Baleares (España): 1, 3, 6. La casa que está en México: 2, 4, 5.
   b) 1 mujer; tres; tradicional; naranja; dormitorios; amarilla; ventanas; azul; rojo; **2** tranquilo; luz; sencilla; paz; terrazas.

Algo más

20 **a) ■** ... Quería pedirle un poco más de información...
   ● En la calle Olmos, al principio...
   ■ Sí, ya imagino.
   ● De acuerdo. Pues allí nos vemos.
   ■ Hasta el martes.
21 Posibles respuestas: **Salón:** lámpara; cortina; alfombra; televisor; cuadro; planta; cojín. **Cocina:** cafetera. **Baño:** ducha; espejo. **Habitación:** escritorio; estantería; cómoda; impresora.

UNIDAD 9
Observa

1 **1** difícil / duro; **2** aburrido; **3** tranquilo; **4** desagradable; **5** incómodo; **6** malo.
3 **1** d; **2** e; **3** f; **4** c; **5** a; **6** g; **7** b.

Practica

5 **a)** Yo creo que; Tú crees que; por ejemplo; Sí, eso es verdad, pero; estoy de acuerdo.
7 **ser:** disciplinado; estudioso; **tener:** paciencia; buenos colaboradores; **saber:** trabajar en equipo; escuchar; idiomas; escribir informes; hablar en público.
9 **1** carné; **2** máster; **3** experiencia; **4** nivel; **5** programa; **6** parcial; **7** salario; **8** contrato.
11 **Para trabajar como profesor de autoescuela:**
   - hay que llamar por teléfono al 900 60 70 80 para informarse: F
   - no hay que enviar el currículum: V
   - hay que obtener un título oficial: V
   En el trabajo de diseñador gráfico:
   - hay que conocer algunos programas informáticos: V
   - no hay que viajar: V
   - hay que enviar el currículum por fax: F
   Para trabajar en la tienda de ropa como dependiente:
   - no hay que saber tratar con el público: F
   - no hay que tener más de 30 años: V
   - hay que tener experiencia: F
   En el trabajo de electricista:
   - hay que trabajar en Mérida: V
   - hay que trabajar en equipo: F
   - no hay que enviar una foto reciente: V
13 **1** ¿A qué te dedicas? **2** ¿Cómo es tu trabajo? **3** ¿Qué haces, exactamente? **4** ¿Cuántas horas trabajas? **5** ¿Puedes conciliar tu trabajo con tu vida familiar? **6** ¿Qué es lo mejor de este trabajo? **7** ¿Qué es lo peor de tu trabajo?
14 **a) 1** más; **2** menos; **3** menos; **4** más; **5** menos; **6** más; **7** menos; **8** más.
15 **1 Kike:** Yo no estoy de acuerdo; **Pepa:** Yo tampoco. **2 Javi:** Sí, yo estoy de acuerdo; **Ana:** Yo no. **3 Rosa:** Yo no estoy de acuerdo; **Ana:** Yo sí. **4 Kike:** Yo no estoy de acuerdo; **Pepa:** Yo tampoco. **5 Kike:** Sí, yo estoy

de acuerdo; **Álex:** Yo también. **6 Álex:** Sí, yo estoy de acuerdo; **Javi:** Yo no.

16 **1** medico; **2** informático, albañil y fontanero; **3** profesor; **4** periodista; **5** abogado y arquitecto; **6** fontanero; **7** militar; **8** empresario; **9** enfermero.

Amplía

17 **1** Porque tiene algunas de las escuelas de negocios más prestigiosas del mundo, además de una amplia red de universidades y es el máximo receptor de estudiantes de intercambio dentro del programa Erasmus. **2** Los ciudadanos de la Unión Europea. **3** Solicitar, en el plazo de un mes desde su entrada en España, la tarjeta de estudiante extranjero ante la Oficina de Extranjeros o Comisaría de Policía correspondiente.

Algo más

18 **1** arquitecta; **2** psiquiatra; **3** pediatra; **4** psicólogo; **5** abogada; **6** médico; **7** policía; **8** biólogo; **9** farmacéutica; **10** juez; **11** técnica; **12** ministro; **13** traductora; **14** deportista.

19 **1** soy Licenciada; **2** tengo un máster; **3** tengo un año de experiencia; **4** utilizo habitualmente programas informáticos; **5** hablo inglés; **6** soy una persona trabajadora.

UNIDAD 10

Observa

1 **1** Lucía. **2** Lucía. **3** Raúl. **4** Lucía. **5** Raúl. **6** Lucía. **7** Los dos. **8** Raúl.

2 **1** el 2 de febrero de 1977; **2** A los 13 años; **3** En 1995; **4** en 1998; **5** En agosto de 1999; **6** Desde entonces.

3 **VERBOS REGULARES - terminar:** termino, terminas, termina, terminamos, termináis, terminan; **aprender:** aprendo, aprendes, aprende, aprendemos, aprendéis, aprenden; **escribir:** escribo, escribes, escribe, escribimos, escribís, escriben. **VERBOS IRREGULARES - ser:** soy, eres, es, somos, sois son; **estar:** estoy, estás, está, estamos, estáis, están; **tener:** tengo, tienes, tiene, tenemos, tenéis, tienen; **hacer:** hago, haces, hace, hacemos, hacéis, hacen; **ir:** voy, vas, va, vamos, vais, van.

Practica

5 **llegar:** llegué, llegó; **nacer:** nací, nació; **ir:** fui, fue; **empezar:** empecé, empezó; **jugar:** jugué, jugó; **hacer:** hice, hizo.

6 **VERBOS REGULARES - estudiar:** estudié, estudiaste, estudió, estudiamos, estudiasteis, estudiaron; **conocer:** conocí, conociste, conoció, conocimos, conocisteis, conocieron; **recibir:** recibí, recibiste, recibió, recibimos, recibisteis, recibieron.

VERBOS IRREGULARES - ser: fui, fuiste, fue, fuimos, fuisteis, fueron; **estar:** estuve, estuviste, estuvo, estuvimos, estuvisteis, estuvieron; **tener:** tuve, tuviste, tuvo, tuvimos, tuvisteis, tuvieron; **hacer:** hice, hiciste, hizo, hicimos, hicisteis, hicieron; **ir:** fui, fuiste, fue, fuimos, fuisteis, fueron.

7 **1** Nació; **2** estudió; **3** jugó; **4** Empezó; **5** debutó; **6** conoció; **7** ganó; **8** hizo; **9** recibió; **10** participó; **11** obtuvo; **12** estrenó.

8 **1** c; **2** f; **3** g; **4** a; **5** b; **6** h; **7** e; **8** d.

9 ¿Adónde fuiste?; Cuándo; tiempo; Fuiste; cómo; hicisteis / hiciste; dónde os alojasteis / te alojaste.

10 **Foto 1:** Fue en julio (del 98/de 1998) /en verano; Fue en barco; Fue con unos amigos. **Foto 2:** Estuvo en Kenia/África; Fue con su novia/mujer/pareja; Fue en 2001. **Foto 3:** Estuvo una semana en la montaña/en la nieve; Fue en enero de 2008/en invierno; Fue con su familia.

11 **1** e; **2** b; **3** c; **4** f; **5** a; **6** d.

12 **1** las; **2** los; **3** lo; **4** La.

13 **1.** Salvador Dalí (a; d; h; m); **2.** Michelle Bachelet (c; i; l; o); **3.** Ernesto Che Guevara (b; f; j; p); **4.** Miguel de Cervantes (e; g; k; n).

15 **TEXTO 1 - a** 1; **b** 6; **c** 3; **d** 8; **e** 4; **f** 5. **TEXTO 2 - g** 7. **TEXTO 3 - h** 9. **TEXTO 4 - i** 2.

Amplía

16 **1** Nacho; **2** Fran; **3** Inma; **4** Maite.

17 **Persona 1:** instrumentos musicales; juguetes tradicionales. **Persona 2:** cosas para la cocina; cuadernos y bolígrafos. **Persona 3:** imanes para el frigorífico; figuritas de monumentos.

Algo más

18 **poder:** pude; pudo; pudisteis; **poner:** pusiste; pusimos; pusieron; **decir:** dije; dijo; dijisteis.

19 **ⓐ** **1** tuvo; **2** nació; **3** trabajó; **4** hizo; **5** terminó; **6** vino; **7** puso; **8** alquiló; **9** estuvo; **10** vivió; **11** ganó; **12** dijo; **13** venció; **14** compró.

Los verbos 1 (tener), 4 (hacer), 6 (venir), 7 (poner), 9 (estar) y 12 (decir) son irregulares.

ⓑ **1** tu̱ve; **2** na̱cí; **3** traba̱jé; **4** hi̱ce **5** termi̱né; **6** vi̱ne; **7** pu̱se; **8** alqui̱lé; **9** estu̱ve; **10** vi̱ví; **11** ga̱né; **12** di̱je; **13** veṉcí; **14** com̱pré.

La opción correcta es la B.

20 **2** puntuación; **6** jardín; **7** calefacción; **10** país; **11** educación; **13** alemán; **15** marroquí; **16** café; **17** salmón; **21** región **22** imán.